Psicanálise de pais
Criança, sintoma dos pais

Durval Checchinato

Psicanálise de pais
Criança, sintoma dos pais

Editor
José Nazar

Copyright © Durval Checchinato

Direitos de edição em língua portuguesa adquiridos pela
EDITORA CAMPO MATÊMICO
Proibida a reprodução total ou parcial

EDITORAÇÃO ELETRÔNICA
FA - Editoração Eletrônica

CAPA
*Fatima Agra sobre imagem de
Gustave Moreau
Oedipe Et Le Sphinx (Détail)
New York. Metropolitan Museum Of Art.*

EDITOR RESPONSÁVEL
José Nazar

CONSELHO EDITORIAL
*Bruno Palazzo Nazar
José Nazar
José Mário Simil Cordeiro
Maria Emília Lobato Lucindo
Teresa Palazzo Nazar
Ruth Ferreira Bastos*

Rio de Janeiro, 2011

FICHA CATALOGRÁFICA

C443p

Checchinato, Durval, 1936-
   Psicanálise de pais : crianças, sintoma dos pais / Durval Checchinato. – Rio de Janeiro : Cia de Freud, 2011.
   181p.

   ISBN 978-85-7724-019-7

1. Psicanálise infantil. 2. Pais e filhos. 3. Psicoterapia familiar. I. Título.

07-0288.   CDD: 618.928917
                                   CDU: 615.851-053.2

ENDEREÇO PARA CORRESPONDÊNCIA
Rua Barão de Sertório, 48
Tel.: (21) 2273-9357 • Fax: (21) 2293-5863
Rio Comprido - Rio de Janeiro
e-mail: ciadefreud@gmail.com

Gratidão:

Ao Pai pela felicidade de ser um pai.

A Lina, companheira constante, sobretudo nas horas de incertezas, múltiplas na construção dessa prática.

À Débora e ao Daniel, dons mais preciosos da continuidade da vida e que me ensinaram o que é ser um pai.

A meus e minhas colegas pelas críticas, sugestões e incentivo.

Aos pediatras Dr. César Cavalheiro e Dr. Sebastião Tenório pelo apoio constante.

Gratidão sobretudo aos meus pacientes. Aos numerosos pais com os quais aprendi que há múltiplas, infindas maneiras de ser pai, de ser mãe e sobretudo aos seus filhos, cujos sofrimentos, juntos, pudemos aliviar e lhes garantir um futuro melhor.

A umas e outros devo este livro. Sem elas e eles, ele não teria existido.

Grato, finalmente, a Regina Mara Barbosa pelos trabalhos de digitação.

Para ter força
sê artesão das palavras.
A força de um ser é a fala,
e as palavras são mais fortes que
qualquer forma de luta.
Kheti III – Ensinamentos a Merikhare

Hay que endurecerse, pero sin
perder la ternura jamás.
Che Guevara

– "O inaudito é a essência de um livro?"
– "Sim, exatamente. O inaudito é a essência, porque toda ficção é uma tentativa de dizer o inefável. A palavra chega perto, chega à margem, mas nunca é absoluta. É um verbo ainda humano, não verbo divino."

– "Quanto de Adélia Prado existe em Olímpia?"
– "O que existe de mim em Olímpia é na mesma densidade que existe em Violeta, em Antônia, e em outros personagens femininos dos meus outros livros. Rigorosamente, nunca se faz ficção pura, saída de não sei onde, do nada. A ficção nasce a partir das experiências, dos fenômenos experimentados na sua própria vida. Por meio da forma literária, tudo pode ser dito e tudo fica protegido."[1]

---

[1] *Folha de S. Paulo,* 14/11/2005. Caderno "Ilustrada". Entrevista concedida a Julian Fuks.

Sumário

Introdução 13
Capítulo   I   – Pulsão 17
Capítulo   II   – Sublimação... 37
Capítulo III   – Instinto, Pulsão, Sublimação 53
Capítulo IV   – Presença e Ausência 83
Capítulo   V   – A Relação Triangular 93
Capítulo VI   – Maud Mannoni: A Criança, Sintoma dos Pais 115
Capítulo VII   – Transferência no Atendimento de Pais 131
CapítuloVIII   – Lacan: A Criança, Sintoma dos Pais......................... 137
Conclusão 173
Bibliografia... 175

Introdução

Este livro é testemunho de um trabalho que, há muitos anos, desenvolvemos em nossa prática e em nosso ensino: a psicanálise de pais.

A psicanálise de pais afigura-se-nos uma prática clínica de grande valor para as famílias, para as crianças e, conseqüentemente, para a comunidade. A idéia dessa prática foi inspirada pela primeira obra de Maud Mannoni, *Le psychiatre, son "fou" et la psychanalyse*.

Maud Mannoni, como veremos, não praticava exclusivamente a análise de pais. Ela trabalhava também com crianças, especialmente adolescentes e não hesitava em chamar os pais para configurar a relação edípica, a fim de entender o processo psicótico de seus jovens pacientes. Ao considerar as entrevistas dessa autora com os pais de seus e suas pacientes e suas preciosas observações clínicas sobre as relações traumáticas entre pais e filhos, convenci-me de que a chave da clínica não seria a criança, mas os pais.

Posteriormente, Lacan confirmou explicitamente essa idéia de M. Mannoni, em breve carta à doutora Jenny Aubry, quando afirmou que *a criança é sintoma dos pais*.

Ao longo de minha vida, acumulei amargas experiências com análises ou terapias de crianças realizadas por profissionais que se apresentavam como psicólogos ou psicanalistas de crianças. A frustração de ver os filhos de meus pacientes e de outras pessoas penando no consultório de profissionais, em duas ou quatro sessões semanais, com resultados parcos, senão nulos, transformou-se em desencanto, em decepção. Pior, vendo, por exemplo, uma criança caminhando para o ponto crítico da castração sem identidade sexual definida, sem intervenções que marcassem a diferença sexual, perguntava-me qual seria minha responsabilidade ética ao encaminhá-la a tais atendimentos. Muitas vezes pude verificar que as crianças só iam aos consultórios porque os pais as levavam, porém rarissimamente movidas pela transferência.

Levando em conta essas reflexões, descobri que, se a criança é sintoma dos pais, de seus problemas, importava ir à causa e não ao sintoma. Removida a causa, certamente o sintoma desapareceria. E foi essa descoberta que me permitiu construir uma clínica, já provecta, em que a criança é poupada, cessa de responder pelos problemas dos pais e se torna beneficiária da resolução desses problemas. Assim, a criança descobre seu desejo e passa a caminhar na vida em paz. Além disso, não fica marcada desde tenra idade por um certo estigma preconceituoso, mas real, de ser doente, desajustada, embora infelizmente não exista a possibilidade de os filhos não portarem significantes que são dos pais.

A modernidade criou uma série de especialistas que dividem com os pais a tarefa da educação dos filhos. Minha prática descobriu que quanto menos especialistas melhor. Por duas razões: primeira, os pais são os verdadeiros e suficientes educadores dos filhos; segunda, sua tarefa é secundada pelo pediatra e pela escola. Não é possível para a criança (aliás, nem para o adulto) uma multiplicidade de transferências simultâneas.

Freud vislumbrou essa possibilidade de tratar os pais em vez do filho no célebre caso de Hans. Infelizmente, criou um equívoco ao nomear a análise como sendo do menino e não do pai ou dos pais. Na verdade, viu Hans apenas uma vez e analisou, de fato, o pai.

Na análise de pais, desde que procedamos segundo a regra fundamental e, mais ainda, segundo a regra da abstinência, pois a psicanálise consiste *no método de tudo dizer a quem tudo escuta*,[1] podemos alcançar resultados clínicos importantes, aliviando a família, e sobretudo o sofrimento do filho-sintoma, se considerarmos o casal como um real singular, isto é, se preservarmos a todo custo a subjetividade do casal. No fundo o que está em jogo na análise de pais é o estabelecimento dos limites entre o(s) desejo(s) dos pais e o(s) desejo(s) da criança. O uso dessa relação triangular pode ser um instrumento aclarador da posição subjetiva de cada protagonista.

Fal'entes que somos, vivemos sempre na estrutura de uma falta-para-ser constitutiva. Na história de cada casal, importa detectar o mais nitidamente possível como a estrutura edípica se constituiu. Que discursos mantêm essa estrutura travada num circuito fechado e repetitivo? Os pais, desde que

INTRODUÇÃO

um deles ou ambos não sejam perversos, abrem-se à análise de maneira gratificante para todos.

Essa análise tem sempre um único sentido: a busca da verdade, *aletheia*, que está no "esquecimento" e, por isso, precisa de um processo que a traga à luz. Não há quem não se toque com a beleza e pelo apaziguamento da verdade, embora quase sempre ela nos custe caro, *um naco de carne*, dizia Freud.

Nesse acolhimento e respeito ao casal, para a afirmação de uma subjetividade própria, importa que, desde o início, desfaçam-se os sentimentos de culpa inerentes a nossa angústia existencial e se transformem esses sentimentos na assunção da responsabilidade de um engajamento efetivo. Nem conselhos, nem orientação, pois são inúteis e brotariam apenas dos desejos do analista. É preciso ter uma certeza: iluminados pela análise, os pais são auto-suficientes para dar conta de seus problemas e dos problemas que, querendo ou não, criam em seus filhos.

Esse trabalho tem se provado oportuno e útil, sobretudo nessa virada de século, em que todas a certezas ruíram. Minha geração teve pais que tinham certezas de como educar os filhos. E os filhos tinham simplesmente de se submeter a suas injunções, por dois motivos: se não obedecessem, seriam castigados ou, diante de Deus, estariam cometendo pecado. Hoje igreja, estado e escola são instituições praticamente paradas no tempo, que já não oferecem à família segurança nem referência de certezas.

De outro lado, a autoridade paterna segue abalada nesse fim e começo de século de uma maneira desconcertante. A autoridade parental, por sua vez e a duras penas, se esforça na procura de um equilíbrio nesses tempos de passagem. Ora, a análise de pais pode possibilitar-lhes que apurem seus desejos e encontrem saídas para si e para seus filhos diante das "mutações" pelas quais estamos passando.

A análise de pais é um trabalho essencialmente clínico. Consiste na escuta integral dos pais, no acolhimento de suas dúvidas, de suas angústias, na partilha de seus sofrimentos.

Espero que este livro desperte o desejo, a curiosidade e a crítica daqueles que lidam com os mesmos problemas aqui abordados.

Quinta da Peroba, verão de 2006

Pulsão

Todo animal, exceto o ser humano, é movido por uma energia pré-codificada. No animal, essa energia age de forma precisa: desde a concepção, tudo o que pertence à espécie, no que diz respeito tanto à sobrevivência como à reprodução, está codificado. Chamamos de *instinto* a esse determinismo inerente a cada indivíduo de uma espécie. O instinto é um "saber", uma aprendizagem inata. Esse "saber" se replica em cada novo indivíduo da espécie, permitindo-lhe a sobrevivência, a manutenção da vida e, sobretudo, a reprodução dela. Toda passarinha que nasceu numa primavera começará a se reproduzir na primavera seguinte, preparará seu ninho, chocará seus ovos, alimentará seus filhotes, exatamente como todas as suas ascendentes. O instinto leva os indivíduos a se repetirem segundo o código que lhes é próprio. Portanto, o instinto elimina a possibilidade da liberdade, ou seja, um animal jamais poderia ser um sujeito, pois ser sujeito significa ter "consciência" da energia e ter que dar conta dela, isto é, escolher o que fazer com ela. O animal não tem "leitura" de seu instinto. Está impregnado dele. Não há *Spaltung*, divisão, distância entre o animal e ele mesmo. Não há sexo. Ele simplesmente age por fome, sede, impulso para procriação e busca de bem-estar. Está sob a lei da necessidade. Desconhece, pois, o desejo.

O ser humano é também um animal, mas a energia que o move é de outra ordem. Freud, sabendo da dificuldade que teria, caso tentasse definir essa energia tanto no plano da física (que não é nada mais que um número) como no plano da fisiologia (que seria uma medida ou freqüência, isto é, também um número), safou-se de maneira admirável. Abandonou a idéia de energia (tão importante para a medicina homeopática) e adotou um conceito capaz de exprimir a especificidade daquilo que move o ser humano. À energia que move o ser humano, ele simplesmente denominou de *Trieb*, que traduzimos por *pulsão*. Que é pulsão? Freud a define como *konstant Kraft*, força constante. Ela é simplesmente uma força ininterrupta, mesmo quando dormimos ou estamos em coma.

Freud explicita a idéia de pulsão: trata-se de uma força que age na interface do psíquico e do físico, animando a ambos na forma de um mesmo ser. A pulsão é uma força absolutamente neutra, não é nem boa nem má. É uma força que procura unicamente encaminhamentos, trilhamentos, para se satisfazer. Em si, é uma força solta, indeterminada. É puro *appetitus*. É por isso que necessita de aviamentos, precisa de balizas, para que aquele ou aquela que ela anima, aos poucos transforme-se em sujeito, isto é, humano, civilizado. O próprio, o específico dessa "força constante" é que ela se destine a se transformar em obras que promovam a cultura subjetiva e comunitária.

Essa força atua de duas maneiras. Dez por cento dela são usados autonomamente na manutenção do corpo e de seus órgãos. Setenta e cinco por cento estão à disposição do ser humano para a construção de sua subjetividade e de suas obras. Outros 15% são poupança sempre disponível, sobretudo para os momentos traumáticos, de doenças ou tragédias. Para o bem ou para o mal, pulsão disponível. Tudo depende dos significantes que lhe deram ou darão representação.

Três leis regem a pulsão. A *primeira* diz respeito à especificidade do ser que ela anima: "a pulsão se representa", sem cessar. Ela só existe como pulsão para o sujeito enquanto se representa. Ela é a força que anima um ser que vive no simbólico. Nisso, diferencia-se de maneira radical do instinto. A pulsão nunca se representa ou "codifica" de maneira igual, mas sempre de maneira absolutamente singular, pelo significante e não pelo significado e, *ipso facto*, determinando cada sujeito humano. Ela é, ao mesmo tempo, impulso e representação. Como tal, sempre se faz conhecer pelo representante (significante) de sua representação, embora nem sempre saibamos decodificá-lo de imediato. Esse representante aparece em cena de

PULSÃO

fantasma,[1] que, por sua vez, também é animado pela pulsão. Explicitamente, do ponto de vista epistemológico, o que conta para a psicanálise não é o biológico da pulsão, mas a representação dela consignada no significante que porta o sujeito.

Aqui, cabe uma reflexão sobre a educação da criança. Freud, no fim da vida, concluía que "governar", "educar" e "psicanalisar" seriam três profissões impossíveis. Impossíveis, porquanto, nessas três práticas, o efeito subjetivo do significante em cada ser humano é simplesmente singular, imensurável, absolutamente imprevisível. Embora visasse a evidência daquilo que a psicanálise descobre, Freud jamais abriu mão de enfatizar a importância fundamental da educação. Por mais impossíveis que sejam essas profissões, elas jamais deixaram de proliferar, pois "governar", "educar" e, não raro, "psicanalisar", garantem a perenização da civilização, da cultura.

Assim, a educação, quanto à psicanálise, consiste em oferecer à criança significantes que a insiram em sua subjetividade, na cultura, na convivência humana. E se a pulsão se representa segundo os significantes que lhe são apresentados, incumbe aos pais e educadores uma responsabilidade ímpar. Embora a representação da pulsão pertença ao sistema primário, que nos escapa, uma coisa é certa: ela não cessa de representar. Daí que essa responsabilidade, essencialmente paterna, é instante.

---

[1] Se os poetas, como diz Freud, dizem o que descobrimos na prática da psicanálise, após meditar sobre as poesias do inconsciente, em Fernando Pessoa, parece-me que nada é mais justo que substituir o termo *fantasia* por *fantasma*, conforme foi proposto por Lacan. Aquele pode ser confundido com um ato ao alcance da consciência e este diz respeito exclusivamente à pulsação do inconsciente. Diz o poeta maior: *Súbita mão de algum fantasma oculto / Entre as dobras da noite e do meu sono / Sacode-me e eu acordo, e no abandono / Da noite não enxergo gesto ou vulto. Mas um terror antigo, que insepulto / Trago no coração, como de um trono / Desce e se afirma meu senhor e dono / Sem ordem, sem meneio e sem insulto. E eu sinto a minha vida de repente / Presa por uma corda de Inconsciente / A qualquer mão noturna que me guia. Sinto que sou ninguém salvo uma sombra / De um vulto que não vejo e que me assombra, / E em nada existo como a treva fria.* (Pessoa, F. *Obra poética. Rio de Janeiro:* Nova Aguilar, 1995, p.129). "Fantasma oculto", "vulto", "sombra", como aquele do pai de Hamlet pedindo vingança. "Fantasma oculto", inconsciente, e não fantasia (termo ambivalente) que fabrico a meu bel-prazer e que está presente em meu ato consciente, o que, evidentemente, não é o caso do fantasma. Daí a presença contínua da angústia, que *não é sem objeto* (Lacan) e, "nunca falha". É o desassossego pessoano.

Então, é preciso levar em conta que a criança terá suas pulsões moldadas segundo a qualidade dos significantes da cotidianidade que a cerca e do ambiente onde convive. Se *a pulsão é o tesouro do significante*[2] importa reservar-lhe um porta-jóias que assegure o enriquecimento da subjetividade e da cultura. Os significantes violentos, ofensivos, falhos de amor, os significantes de ódio, rancor, mau humor, desavença entre os pais, preconceitos ou o contrário, os de respeito, benevolência, bem-querer, partilha e amor, todos serão gravados de maneira conseqüente. A subjetividade da criança sofrerá efeitos singulares dos significantes presentes nos mais diversos momentos de sua ex-sistência.

Devemos considerar que todo ser humano é pouco ou muito determinado por significantes traumáticos, cujo retorno é sempre doloroso, angustiante. São dessa ordem o registro de mortes violentas, acidentes, assaltos, estupros, seqüestros e outros acontecimentos da mesma espécie. Assinalemos também significantes privilegiados, aqueles que se constituem em marcos da ex-sistência, em passos realizadores de vida: estudo, amor, casamento, filhos. Verdadeiros marcos de conquista, esteios na construção da subjetividade, operantes em sublimações.

É preciso pensar também nos pesados significantes da "novela familiar", sobretudo naqueles que determinam os ideais de ego, nos que dominam a estrutura do superego e naqueles, muita vez fatais, que superimpõem mensagens de doenças familiares.

Entre os destinos da pulsão, por que não eleger a sublimação, se é ela que pode trazer a melhor realização da subjetividade e propiciar o avanço da civilização? A clínica prova que os destinos dela para o masoquismo, o sadismo, o exibicionismo, o voyeurismo, a paixão pela visibilidade são tristemente sombrios e de graves conseqüências, resultando em maior sofrimento para o sujeito e para a humanidade. Não seria justo almejar que a sublimação fosse o escopo das pulsões de nossos filhos?

A *segunda lei* da pulsão consiste em reproduzir essa representação. A pulsão, uma vez codificada, significantizada, infalivelmente se repete. E o ser humano não só precisa dar conta da representação, que definitivamente é seu quinhão, como tem de assumir a repetição (o representante) dela. É aqui que as coisas se complicam: a questão crucial é que o sujeito já está constituído na representação que se repete, mas esse representante da representação nem sempre é suportável. Inicia-se, então, outro processo de recalque. Às vezes, ele sustenta, mas, outras tantas, o sujeito sucumbe à insistência. Assim, não resta ao ego senão estabelecer um "compromisso" com o representante da representação insuportável. É nisso que consiste o sintoma na neurose. Já na psicose, o processo é mais radical: trata-se de uma representação que não houve (foraclusão) e que, portanto, não tem representante. O real se impõe brutalmente. É por isso que o sujeito sucumbe, pois o seu ego não tem como fantasmar o real.

A *terceira lei* consiste no fato de que essa força *sui generis* pode se transformar para produzir o sujeito, introduzi-lo na civilização, fazendo-o um *socius* na humanidade. De três maneiras, ela se transforma: em religião, em arte e em ciência. O processo em que essa força extremamente plástica se transmuta se chama sublimação. A máxima importância da sublimação para o ser humano e a humanidade merecerá uma apreciação singular no próximo capítulo.

Se levarmos em conta a natureza da pulsão, a maneira como ela se estrutura e os "destinos" que pode tomar, chega-se a uma conclusão iludível: a pulsão é a fonte e a razão da ética. Ela é o *primeiro princípio ético*. Ela impõe o dever inescapável de termos de nos responsabilizar por ela. Em cada indivíduo humano a pulsão impõe a injunção de ser uma força a ser reconhecida em sua representação e a ser encaminhada em seu objeto e fim. Nesse movimento, que é absolutamente singular em cada indivíduo, precisamente enquanto assumido, constitui-se o sujeito. A forma como a pulsão se manifesta para cada sujeito, uma vez que se constitui em representação, é através do desejo. Na verdade, o sujeito está sempre dividido entre a representação e seu objeto. O objeto, para a psicanálise, é a realidade transformada num real para cada sujeito. No matema do fantasma proposto por Lacan, temos:

$$\$ \lozenge a$$

Leia-se: sujeito barrado incluindo ou excluindo o objeto *a*.

Sujeito barrado, porquanto dividido (*Spaltung*) de si mesmo, habitante que é da "morada da palavra". O sujeito ex-siste a si mesmo. Mas não é pura representação, ele é também seu objeto (objeto *a*), que constitui seu desejo. Os objetos *a* são os restos de representação, de *coisas ouvidas e vistas* (Freud), a constelação estelar de todos os "reais" que, ao longo da vida, estruturam o sujeito.

Aqui, nova injunção ética, *o segundo princípio*: o sujeito tem de dar conta, sem cessar, de ser sujeito, isto é, de assumir seus desejos e deles não abrir mão, pois constituem sua própria subjetividade. É preciso dizer que o objeto *a* não é especularizável, pois é um processado do sistema primário. No entanto, é um *prêt-à-porter* que, a cada instante, pode estar à nossa disposição. É nisso que se constitui a fonte da angústia humana permanente: o objeto *a* marca presença pelo desejo que suscita (causa), mas nós o sentimos como uma solicitação, uma moção concupiscente, um *appetitus*. Não raro, essa presença aparece manifestada naquilo que Freud chamou de *Unheimlisch*, o "infamiliar", o "estranho". No fundo, a análise consiste num só trabalho: levar o sujeito a descobrir seus desejos, reconhecer-se neles, a fim de possibilitar que os assuma, que deles finalmente não abra mão, pois os objetos *a* que os causam constituem sua subjetividade. Em outras palavras, é exatamente na medida em que a análise faculta ao sujeito a libertação da sujeição ao desejo do Outro (= neurose) que ele pode ter acesso ao desejo próprio. E não seria precisamente isso o que definimos como cura em psicanálise? A psicanálise opera libertação do sujeito e possibilita que ele não disperse sua energia em sofrimentos inúteis, tirânicos, neuróticos, em *gozos podres* (Lacan). Libertada da injunção sintomática, a pulsão pode ser recolocada a serviço do prazer e pode resultar em gozo de ordem psíquica para o sujeito "advertido".

É aqui que podemos vislumbrar a importância fundamental dos pais. São os pais que concebem e recebem o ser humano. Já em seu nascedouro, a criança, completamente desamparada, começará a receber deles a Lei, isto é a palavra mediante a qual iniciará sua grande, contínua e infinda caminhada da representação de sua pulsão, transformando-a em seus desejos. É aí que Lacan descobre que o desejo do ser humano é desejo do Outro. O Outro, lugar de toda leitura ou interpretação possível, representado pela mãe e pelo pai, tem de ser esmiuçado ao longo da vida. O Outro é essencialmente a Lei. A Lei decorre da função paterna, que introduz a criança na castração da mãe, retirando essa criança da ordem da natureza e introduzindo-a na ordem da aliança, da cultura. A Lei consiste em tudo o que leva a pulsão de cada ser humano a se submeter à linguagem, à humanização. Assim, a introdução do recém-nascido no ritmo circadiano, no ritmo da alimentação, nos cuidados de higiene, na assunção da imagem própria especular, que dá uma primeira unidade aos membros espedaçados, no nome vivenciado como subjetividade, em suma, na fala. A fala introduz a nominação e a nominação é o "tempo da coisa": a ordenação do real. Mas o sujeito inserido na fala vive a divisão de si mesmo, como vive a divisão de si com o objeto de seu desejo. Isso se constitui num motor que o impulsiona incessantemente: é a falta-para-ser. A falta-para-ser é o princípio impulsionante e estruturante do sujeito. É ela que o coloca num moto contínuo, à procura de sua realização existencial.

Façamos algumas observações. Nossos antepassados diziam: "criança não tem querer". Se entendermos esse dito no sentido de que a pulsão precisa ser educada, singularmente codificada pela Lei, ele é de muita sabedoria. Quando Lacan afirma que o desejo do ser humano é desejo do Outro, a meu ver, essa é a explicitação do provérbio dos antepassados. A criança precisa aprender a querer. A pulsão não pode ficar solta: empunhar uma faca pela lâmina, pegar a chama do fogo, pôr a mão na tomada, derrubar água fervendo no corpo tudo isso pode ser impulso de pulsão solta, com certeza de conseqüências sérias. Assim é em tudo que diga respeito à relação consigo mesmo, com outrem, com as coisas, com o mundo. É preciso que haja determinação do Outro. É simplesmente impressionante que cada ser humano, em virtude da pulsão, deva repetir em si toda a história da humanidade.

Os pais que deixam seus filhos ao bel-prazer da pulsão solta causam-lhes grande mal. Mergulham-nos numa angústia existencial profunda. As crianças precisam aprender a escolher o que fazer, o que comer, o que vestir. Como estão incapacitadas de querer o que convém conforme a Lei, tornam-se irritadiças, voluntariosas, reivindicativas, incapazes que estão de decidir o que querer. Em virtude da pulsão solta tornam-se agressivas e agem por impulsos, sem controle. Essas crianças sentem o mundo afundar sob seus pés. Tornam-se irrequietas, hiperativas, nada as satisfaz e a mínima frustração faz com que debulhem em lágrimas e arrebentem, chutem ou arremessem o que têm à mão. Crianças infelizes, pois seus pais são simplesmente omissos. O futuro delas estará certamente comprometido. Se agora não encontram seu lugar na subjetividade, estando no seio da família, como o encontrarão no meio dos adultos de amanhã?

Já nos *Três ensaios sobre a sexualidade*, Freud repara:

> (...) e ao estado de angústia tendem unicamente crianças de pulsão sexual hipertrófica ou prematuramente desenvolvida ou suscitada por mimos excessivos. Nisso, a criança se porta como o adulto: quando não pode satisfazer sua libido, muda-a em angústia; e, inversamente, o adulto, quando se torna neurótico por uma libido insatisfeita, se porta em sua angústia como uma criança: começará a ter medo (vale dizer, sem uma pessoa de cujo amor acredita estar seguro) e a querer apaziguar sua angústia com as mais pueris medidas.[3]

Freud dizia que a civilização é fruto da repressão. A virtualidade essencial da pulsão, a sublimação, só se transforma em prática, em obra, se a repressão a ordenar ou canalizar. Se ela não se transforma em obra, tende a se consumir na inércia (desatada) e aí as conseqüências são imprevisíveis. A pulsão, "força constante", por definição, não pára. Ou a aviamos ou ela procura o caminho por si mesma. Ora, seus trilhamentos têm duas direções: o corpo ou a psique, no "um só" do sujeito. Aqui, mais do que em qualquer outro lugar, vale: "melhor prevenir do que remediar".

A educação do ser humano é muito complexa e de longo fôlego. Sua imaturidade neurológica, seu crescimento e amadurecimento demorados o tornam muito vulnerável. É preciso muito esforço e paciência para que alcance o domínio de si e das coisas. Assim, é interessante notar que o amadurecimento sexual humano demora de 11 a 15 anos, senão mais, para surgir. A própria natureza se preveniu, pois o uso da pulsão sexual supõe responsabilidade muito além da lei natural da procriação biológica, ou seja, só após o domínio da linguagem, da inserção social, da consciência de cidadania, da formação moral é que sua força se manifesta em solicitações explícitas na unidade de mente e corpo.

A precipitação na formação do sujeito humano é sempre desastrosa. Ele precisa de tempo para assimilar seu desenvolvimento. Eis porque reputamos importante que pais guardem sua privacidade como esposos: a alcova é lugar reservado a eles: o banho com filhos, sobretudo pequenos, nunca é de bom alvitre. Não há interesse algum em antecipar curiosidades numa criança que não tem ainda idade nem maturação para encarar o corpo do adulto, e sobretudo o corpo dos pais, barrado pela lei do incesto. É absolutamente necessário respeitar o tempo da criança.

A televisão tem explicitado ou explorado o relacionamento sexual de adultos, de jovens e até de crianças. A conformidade com a imagem resulta sempre numa identidade imaginária, e esta será sempre problemática, pois não leva em conta o real. A televisão, infelizmente, não tem os ideais da tragédia grega de formar o cidadão, de engajá-lo na participação da educação da pólis. O interesse comercial aqui está acima de tudo. Por isso, ela precisa ser administrada pelos pais.

Uma criança de três anos necessita que pai e mãe a ajudem a aprender a querer. Lembro-me de um casal de médicos que, ali pelas 18 horas, colocando a filhinha de quase três anos sobre o balcão de uma padaria, interroga-a: "O que você quer comer?" Pergunta cruel, pois, diante de vitrines de doces e salgados que a criança ainda não sabe escolher, não resta outra saída senão entrar em ansiedade ou chorar. As mães precisam escolher a comida adequada para a criança, para que ela venha a aprender a querer o que cai bem como alimentação.

Presenciei outra cena. Estava numa confeitaria ampla num dos shoppings de São Paulo. Uma avó e a mãe, que trazia pela mão uma criança de três anos, aproximaram-se das vitrines dos doces. A mãe olha para a criança e pergunta: "O que você quer?"A criança anda ansiosamente de um lado para outro e, embora a mãe insista, não consegue escolher. Finalmente, a avó intervém: "Olhe aquele lá, é gostoso!" Aí, a criança consente. Como não tem idade para escolher, ela fica perdida na cor, no tamanho, na aparência externa, mas não pode saber o que faz bem para sua saúde naquela hora do dia.

É interessante notar o quanto isso é verdade. Uma outra criança de três anos, muito inteligente, acostumada a comer de tudo, cada vez que a mãe ou uma pessoa adulta lhe oferecia uma comida que nunca comera, perguntava: "Eu gosto disso?" A resposta sendo invariavelmente sim, ela jamais deixou de comer e apreciar o novo alimento. O desejo do ser humano, verdadeiramente, é desejo do Outro.

Há certas evidências disso. Constato que erram os pais que não respeitam a criança como criança. Constato também que erram os pais que não a deixam ser criança e agem com ela como se fosse adulta. É fundamental possibilitar que a criança viva plenamente a idade em que está. Ela precisa fazer experiências de seu próprio viver. Só será adulta se tiver vivido a infância, a fase da latência e a puberdade. É muito triste ver e ouvir um adulto carregado de responsabilidades nos afirmar que não teve infância nem adolescência.

Pais intervencionistas, obsessivos, autoritários, deixam os filhos inseguros, intranqüilos. Desde cedo, a criança sob esse jugo vai formando um superego rígido, cobrador, despótico. Não podemos esquecer que os filhos são educandos, isto é, estão inseridos num processo onde a educação é conquista lenta e infinda.

É condição fundamental que a criança tenha o direito de errar. O erro não será jamais objeto de derrota, humilhação ou chacota. O erro será sempre uma garantia de aprendizagem, um degrau para subir na vida. O erro, quando vivenciado como parte do processo de vida e não como culpa ou medo, torna-se um fator precioso no crescimento psíquico da criança. É a falta que alimenta o desejo e é o desejo que constitui o sujeito. O erro vivido como falta desperta o desejo de saber, o desejo de acertar. Ora, a falta é o móbil do desejo.

É também fundamental que a criança seja acolhida na diferença. A comparação com outrem só serve para aliená-la de si mesma e fazê-la buscar uma identidade puramente imaginária.

Há dois princípios que regem o encaminhamento da pulsão para a obra civilizatória: o respeito e a partilha. Esses dois princípios garantem ao ser humano o balizamento da pulsão segundo a Lei. O respeito leva a criança, desde cedo, a apreender que, sem o outro, a vida, a existência não é possível. Sem o outro, a vida é simplesmente inviável. O outro fundamenta a ética em seu *terceiro princípio*. O senso do outro permite que a criança se situe em seu mundo subjetivo e no mundo circundante. Os biólogos chilenos Humberto Maturana e Francisco Varela, que defendem a mais estreita relação entre uma simples molécula e o ser humano, assim se exprimem:

Se sabemos que nosso mundo é sempre o mundo que construímos com ou-
tros, toda vez que nos encontramos em contradição ou oposição a outro ser
humano com quem desejamos conviver, nossa atitude não poderá ser a de
reafirmar o que vemos do nosso próprio ponto de vista, e sim a de considerar
que nosso ponto de vista é resultado de um acoplamento estrutural dentro de
um domínio experiencial tão válido quanto o do nosso oponente, ainda que
o dele nos pareça menos desejável. Caberá, portanto, buscar uma perspectiva
mais abrangente de um domínio experiencial em que o outro também tenha
lugar e no qual possamos, com ele, construir um mundo.[4]

Esse posicionamento dá à criança garantias de seus limites e de convivência humana. Da mesma forma, o respeito situa a criança no universo, no
meio ambiente, na biodiversidade, nos ecossistemas. Sem respeito à fauna e à
flora, a Terra se torna inviável. Estamos no limite: já não é possível deixar de
cuidar do planeta. Mais do que nunca, os filhos de hoje estão sob essa ética
(Lei). A Terra, os rios, os mares não podem ser sacos de lixo e escoadouros
de imundícies: eles já dão sinais severos de saturação. Estamos inviabilizando
a Terra para nossos pósteros. Hoje, a consciência ecológica constitui um dos
pilares da e-ducação. Trata-se de um sentido agudo do outro.[2]

Do outro lado, a partilha concretiza o respeito ao outro. A partilha
coloca a criança na dimensão do outro, do reconhecimento do outro. A
partilha aniquila o egoísmo, essa fortaleza da infelicidade humana. É preciso
que, desde os primórdios, a criança aprenda a dividir com outros comida,
brinquedos, espaços. Ela deve ser orientada para se desfazer de tudo o que
não lhe serve mais – roupas, brinquedos – dando a outras crianças, necessi-
tadas ou não. É fundamental para a saúde do espírito que ela não se apegue

---

[2] Embora Sade descreva uma face da sociedade de seu tempo e possamos constatar que,
hoje, ela tomou corpo na pós-modernidade, não podemos abrir mão de uma certeza
histórica: só a sublimação constrói a civilização. É preciso "resistir", é preciso acreditar
numa civilização mais justa, mais feliz. "Navegar é preciso", não podemos abrir mão de
nosso papel na história. As organizações não governamentais, a nova posição dos cientistas diante da vida e do universo, a teologia da libertação, as comunidades de base... são
prenúncios de uma nova vida sobre a Terra. O neoliberalismo, como tantas ideologias
dominantes, também passará. O mundo sadiano é a destruição da convivência humana,
é a derrocada da civilização.

ao que não é necessário! Isso é da essência da sublimação. O artista, o poeta e o cientista que não transformam em obras suas idéias criativas fazem com que elas se afoguem no narcisismo improdutivo. A partilha constrói o mundo, implanta a solidariedade e possibilita a convivência com diferenças de toda ordem. A partilha põe sempre o mundo em marcha. O egoísmo e o individualismo o atravancam.

Vejamos agora a puberdade. Costumo projetar a existência humana no seguinte gráfico:

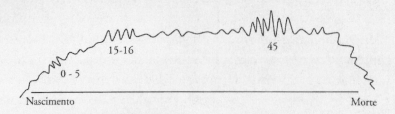

Nascimento e morte são dois momentos de absoluta impotência. Deles, só Deus e os outros podem cuidar. Pelo resto da vida, todo ser humano tem de dar conta dos altos e baixos de sua *ex-sistência*. As ondas maiores, mais amplas do gráfico, indicam as três grandes crises da vida humana. Ora, segundo Freud, é nelas que costumeiramente surgem os problemas, os conflitos ou mesmo as doenças psíquicas. A clínica psicanalítica, porém, descobre que época de crise, quando bem amparada, é sempre prenúncio de vida melhor, de avanço na subjetividade ou na resolução de problemas existenciais.

A primeira crise se dá por volta dos 5 anos. Trata-se de uma crise fundamental: é o momento da castração edípica. Ela determina definitivamente, para o resto da *ex-sistência* a maneira como o sujeito vivenciará seus desejos: como heterossexual, homossexual, transexual, perverso ou segundo as infindas formas de sexualidade que a clínica nos apresenta.

A segunda crise ocorre na puberdade: ela retoma a primeira infância e a segunda, que é o período da latência. Momento de muda, passagem preciosa para a construção dos ideais de ego. É a última etapa da formação do ser humano.

Finalmente, a crise da andropausa e da menopausa. Passagem para a maturidade da vida, é momento de retomada, de retorno das crises precedentes, sobretudo dos fracassos ou frustrações da vida vivida. Certa depressão, encontradiça nessa fase, é sempre bem-vinda. Ela prenuncia uma vida melhor, vida de uma qualidade que ainda não foi vivida.

Ao receber os pais, é muito importante sempre nos reportarmos ao momento, à fase em que eles e seus filhos estão. De todo modo, tendo em vista o tema que nos ocupa neste livro, muito podemos ajudar os pais nos desencontros da puberdade de seus filhos.

Primeiro, é preciso levar em conta que a puberdade dos filhos provoca um retorno do recalcado dos pais, vivido na puberdade deles, sobretudo se as condições dos filhos púberes forem melhores do ponto de vista cultural, financeiro ou social. Não raro, pai com filho e, sobretudo, mãe com filha, vivem uma rivalidade ou competitividade inconsciente que pode se tornar exasperada. Os pais não podem esquecer que os filhos são educandos e que, agora, é a vez de eles viverem essa fase. Freud observa que, na puberdade, o adolescente retoma a escolha de objeto de três a cinco anos e faz escolhas definitivas que são próprias a essa passagem. Além disso, assinala que a adolescência é uma fase de toda importância para a continuidade da cultura, embora isso possa ser sentido como difícil para os pais:

> *Contemporaneamente ao desdobramento e à desestima dessas fantasias claramente incestuosas, se consuma um dos ganhos psíquicos mais importantes, porém mais dolorosos do período da puberdade: o despego da autoridade dos progenitores, o único que cria a oposição. Tão importante para o progresso da cultura, entre a nova geração e a antiga. Certo número de indivíduos permanece atrasado em cada uma das estações desta via de desenvolvimento que todos devem percorrer.*[5]

E os que não conseguem dar esse passo exigido pela cultura, acabam prejudicados: *Assim, há pessoas que nunca superaram a autoridade dos pais e não deixaram sua ternura ou o fizeram mui parcialmente.*[6] Nessa fase, é fundamental que os pais não sejam imaturos, que não abram mão de serem os adultos de plantão. *O adolescente*, diz Maud Mannoni, *em sua crise de oposição, tem necessidade de encontrar um adulto que não abdique.*[7]

Há duas atitudes que muito podem ajudar os pais nessa crise.

Primeiro, é preciso supor que o adolescente conhece a Lei, isto é, que ele sabe o que é certo e o que é errado, principalmente neste mundo de tantas informações. Partindo desse princípio, importa e muito não "fazer sermão" para o adolescente. A repetição de ordens, as chamadas às Leis da casa ou mesmo às da moral, irritam profundamente o adolescente, que não é criança nem adulto. Ele sabe que está em passagem. Movimentado pela efervescência da pulsão, está sujeito a uma variação hormonal e humoral imponderável. Além disso, a sensibilidade ao outro, sobretudo no que diz respeito a atitudes, hábitos, modos, costumes, moda, é aguda. O adolescente está fortemente inclinado à busca de identidade imaginária. É vítima dela diante da pressão social e, sobretudo, da "sociedade de espetáculo". Passa do amor ao ódio num átimo e vice-versa. Se, então, esse adolescente conhece a Lei, basta fazê-lo lembrar-se dela. Ao encontrar a roupa pelo chão ou a toalha molhada em cima da cama, é suficiente que a mãe ou o pai simplesmente interroguem: "Filho, que é isso?" Se o adolescente conhece a Lei, importa ouvi-lo, escutar suas razões, seus anseios e raciocinar com ele, ajudá-lo a pensar nessa passagem de eflúvios emocionais.

Aqui, chegamos à segunda atitude importante: nunca bater de frente com o adolescente (aliás, com ninguém!). Trata-se do impasse característico da luta de prestígio (Hegel-Lacan). Sempre que os pais batem de frente com um filho adolescente, o conflito está armado e a saída será sempre problemática ou perigosa. É próprio do adolescente avançar o máximo no limite da Lei, desafiá-la e mesmo transgredi-la, para comprovar se ela é mesmo necessária. Devemos ver isso como parte do rito de passagem. Sempre que o adolescente lança uma provocação ou pede aos pais algo difícil, às vezes com riscos sérios, é fundamental que não haja confronto. Os pais, simplesmente, devem ouvir e se calar, por mais que o adolescente insista. Passado certo tempo, às vezes um dia ou mais, tendo afastado a luta de prestígio, é possível retomar o assunto. Os pais devem sempre devolver as questões ao adolescente, levando-o a refletir sobre a Lei que rege o que está em pauta.

Muitas vezes, os adolescentes provocam os pais, porque, na florada de vida que os impulsiona, nem sempre sabem como impor limites a si mesmos. Tive o caso de um adolescente que provocou o pai até que este batesse nele. Terminada a sova, foi abraçar o pai e lhe agradecer, pois se sentia apaziguado no turbilhão de seus impulsos. Uma coisa é certa, como diz Maud Mannoni:

É o espaço outorgado pelo outro que dá ao adolescente o sentimento de existir. Contar para alguém (no sentido de uma função a cumprir) o valoriza. Com um pouco de chance ele é assim levado a deixar a posição de objeto de cuidados para ocupar um lugar onde responsabilidades lhe são confiadas. Ele é tomado em estruturas nas quais, pelo viés da sublimação, descobre como transcender de uma pura relação imaginária a outra; o que lhe permite, em muitos casos, abandonar a posição de feitiço (fétiche) identificado ao ideal materno que ocupava no passado.[8]

A análise de pais muito pode ajudar, também, no acolhimento e respeito à escolha profissional de filhos adolescentes. Nos dias de hoje, na globalização da economia mundial, os adolescentes vivem uma época pouco ideal. Há 20 ou 30 anos, quem fazia um curso técnico ou universitário tinha certeza de que, com o diploma na mão, conseguiria emprego. Hoje, essa certeza reduziu-se a incertezas. Fato é que nosso adolescente está sem ideal de ego: a religião conservadora ou repetidora, a profissão escassa e a política corrupta pouco atraem, pouco ou nada motivam. Por isso, é sobretudo agora que os adolescentes precisam de apoio e encorajamento. A construção do mundo de amanhã e a continuidade da obra da civilização estarão nas mãos deles. Os pais devem considerar que a felicidade dos filhos está acima de tudo.

Temos duas hipóteses a considerar em relação à vida profissional dos filhos. No caso de possuir uma empresa familiar, com muito maior razão hoje em dia, em que o emprego rareou, importa fazer em vida a sucessão. Sucessão se faz em vida. A morte jamais faz sucessão, pois, com o sucedido, morre o negócio! É preciso que quem sucede esteja perfeitamente informado de como o negócio familiar se constituiu, se manteve e vive atualmente. Sem esse lastro, o conhecimento prático, a "malícia" da coisa, nada poderá ir a frente ou verdadeiramente progredir.

A segunda consideração, segunda só na ordem de exposição, é que os pais precisam levar em conta que o que importa é a realização dos filhos. Não raro, os filhos não correspondem ao ideal de ego dos pais. É simplesmente imperativo que os pais renunciem a ele e o posponham a qualquer realização que coadune com o desejo de seus filhos. Seduzi-los, atormentá-los mesmo, para que cedam é muito grave, induzirá à infelicidade. Os pais que assim procedem furtam-se a seu dever de pais, que consiste em conseguir que seus filhos encontrem realização vocacional na vida. Os argumentos chamados "nobres", ou os que levam em consideração apenas o ganho financeiro, podem ser desastrosos. Não há por que menosprezar profissões, sejam elas quais forem. Conheci pais que quiseram desviar seus filhos de uma faculdade de música, sob o pretexto de que o ganho financeiro propiciado por tal formação seria pouco ou nada promissor. Erro grave. O gênio e o dom musical encontram não só realização pessoal, que é o principal, mas também provento para a vida. Os dons e os carismas são infindos, o que importa é respeitá-los e fazê-los frutificar. Eles abrem horizontes, mas impõem limites. Com certeza, haverá sempre bons jogadores de futebol, mas nenhum será Pelé. Importa que cada um seja bom como e naquilo que pode ser. É a obra que conta.

Enfim, se os jovens quiserem se valer de uma ajuda psicanalítica, importa lhes proporcionar essa saída. Um psicanalista experimentado saberá ouvir esse "paciente" o suficiente, para levá-lo a definir o *seu* desejo. Na retomada de sua história, certamente o adolescente chegará a uma definição de sua "vocação". O analista o auxiliará na limpeza de ilusões imaginárias ou "seduções" que o levariam a uma escolha fora de seu desejo. Esse trabalho, quando bem conduzido, não precisa de muito tempo; simplesmente, o tempo suficiente para que se alcance uma definição.

A psicanálise tem um princípio que dimana da clínica e que, por sua vez, a clínica não cessa de comprovar: a pulsão se humaniza na sublimação. A puberdade é a própria exuberância da pulsão. É uma fase preciosa para seu aviamento. O adolescente que se sente amparado pelos pais consegue passar por essa crise de maneira relativamente tranqüila. O púbere que encaminha sua energia para opções como esporte, música, arte, religião, estudos, leitura, sobretudo de biografias de grandes personagens, amizades, ecoturismo, recuperação da natureza devastada, causas sociais e políticas, tem a oportunidade de, conscientemente, isto é, com o senso da escolha, orientar sua força em ebulição, retirar dessa fase experiências, vivências e alegrias existenciais que o marcarão para o resto da vida.

Cabe aqui uma palavra sobe o computador, essa invenção sensacional: a um só tempo é comunicação, pesquisa e cultura, graças à maravilhosa descoberta da Internet. Mas o uso do computador precisa ser moderado. Facilmente, ele pode se tornar um fator alienante, senão viciador, para o adolescente. O MSN, e os *blogs*, por exemplo, podem oferecer aos jovens uma oportunidade de interagir independentemente da tutela de instituições, familiares ou outras. Contudo, muitas vezes podem ser fonte de informações que em pouco ou nada possibilitam a "translação" da sublimação. Ao contrário, podem ser meios poderosos de manter o adolescente preso a um imaginário solto, difuso num devaneio insano, improdutivo e mesmo perigoso do ponto de vista psíquico, moral ou social. Navegando no imaginário do mundo virtual, corta-se do mundo real, da real convivência humana e do contato com a natureza. O resultado dessa alienação tem-se provado desastroso. O número de crianças e adolescentes deprimidos ou em pânico tem aumentado consideravelmente.

De todo modo, podemos concluir que cada crise é base para a seguinte. Quando bem vivida, a puberdade se torna uma passagem construtiva para a vida adulta. Finalmente, é fundamental levar em conta que a puberdade é época de muda, portanto, de crescimento, de fecundidade. Em virtude disso, todo hábito adquirido na adolescência, bom ou mau para a saúde física ou mental, marcará a subjetividade para todo o sempre. No caso de vícios, será difícil superá-los. O fumo, a bebida, as drogas ou mesmo o sexo precoce e, mais ainda, a gravidez precoce produzirão conseqüências, não raro sérias, drásticas mesmo, para o resto da vida. Deixar de fumar na maturidade, por exemplo, quando se começou a fumar na adolescência, é muito mais difícil, quando não impossível. O grande problema dos vícios, sobretudo das drogas, é que o gozo proveniente deles impede o processo da sublimação, estanca o processo subjetivo.

Gostaria de fazer uma observação sobre tiques nervosos. Na adolescência, é muito comum aparecerem tiques os mais diversos, como piscar de olhos, tosse, pigarro ou até atos rituais. Tiques são encontradiços também por volta da época da castração, mais ou menos aos cinco anos. Sempre verifiquei que os tiques têm uma finalidade precisa: a busca de uma identidade que está em andamento. Tendo em vista que a criança ou o adolescente estão em desenvolvimento físico, o esquema corporal próprio está inserido numa programação lenta. Isso é notável no relacionamento entre meninos e meninas, sobretudo na pré-puberdade. É algo canhestro, desajeitado. A mesma coisa notamos no desengonço das mãos, que derrubam objetos, ou do corpo, que bate nos móveis. O tique aparece então como um sintoma dessa situação em definição. Ele permite "ganhar tempo", principalmente quando o adolescente tem de tomar uma decisão, passar por uma prova ou enfrentar um encontro social. O tique é, portanto, um sintoma relacionado à transformação subjetiva e à mudança corporal, à aquisição do esquema do corpo próprio. Não pode, de modo algum, ser encarado como doença, embora tenha a estrutura de uma neurose obsessiva. Quando não é criticado e/ou alimentado pelos pais, o tique desaparece da mesma maneira como apareceu. Não há por que se preocupar com ele e, evidentemente, é importante jamais medicá-lo, pois viraria doença. O tique sempre interroga o outro, sobretudo os pais. É preciso deixá-lo por conta de quem o faz. Quando não o "compramos", ele simplesmente desaparece. Trata-se, podemos afirmar, de uma neurose obsessiva de passagem.

A adolescência é uma idade encantadora: é muito belo contemplar e amparar a transformação de uma menina numa mulher e de um menino num homem. Quando o escutam, o adolescente se torna generoso como a vida que nele borbulha e se abre a ideais de realização pessoal que constroem a cultura, a civilização. A vida na juventude e a adulta de um adolescente que pôde falar de seus conflitos, de suas dúvidas, de suas angústias a quem pôde verdadeiramente escutá-lo, será com certeza de uma qualidade bem melhor. A função do psicanalista é sempre propiciar que o paciente seja sujeito de *seu* discurso, graças à distância em relação ao discurso do Outro, que o levou a viver uma vida sintomática. Normalmente, a crise da puberdade gira em torno desse dilema, cuja solução consiste em respeitar e assumir as diferenças.

Concluindo, a meu ver, a psicanálise deu um passo decisivo ao descobrir que a ética é imanente à própria constituição da pulsão. Aviá-la, cuidar dela, responsabilizar-se por seus "destinos" é um dever indefectível. Esse imperativo, psiquicamente estrutural e estruturante, é suposto como precedente a um possível *a priori* universal, *age de forma que possas querer que a máxima de tua ação seja considerada como uma lei universal* (Kant).

Absolutamente, não há viabilidade do ser humano sem a assunção da pulsão. A humanização, a subjetivação de cada indivíduo, só são possíveis no *quantum* e na medida em que a pulsão é transformada em cultura, isto é, na forma essencialmente humana de assumir a natureza. Isso significa que o destino da pulsão é, por excelência, a sublimação.

Sublimação

> *Introduzir como primordial a função*
> *do pai representa uma sublimação.*
> Jacques Lacan

A palavra sublimação Freud a toma à física. Consiste no fato de um elemento da natureza poder mudar de estado e permanecer o mesmo. Assim a água, que normalmente está em estado líquido pode, aquecida, transformar-se em vapor. Freud não encontrou metáfora melhor para explicitar o que acontece com a pulsão.

A pulsão é "força constante" que visa um único objetivo: a satisfação. Por sua própria natureza de força viva, a pulsão procura realização. Em si ela não é nem boa nem má. Como vimos, a moralidade dela depende de como o sujeito a encaminha para atingir seus objetivos. Ela não é neurótica nem perversa; em si, é absolutamente neutra. Portanto, depende em tudo de quem a suporta e a baliza. Ora, a pulsão é uma força absolutamente plástica, isto é, em sua essência, é transformante, na metáfora de Freud, *sublimante*. A pulsão só existe para o sujeito quando se transforma em representação. Como "energia" que mantém o organismo em funcionamento, em suas partes e no todo, ela é pouco perceptível. Apenas uma pequena porcentagem dela é empregada nesse mister. Precisamos do mau funcionamento de um órgão ou de uma dor para nos darmos conta de que ela não está bem e de que é ela que nos sustenta e nos anima.

Essa força, como já dissemos, em sua essência, é sublimante e está à disposição do ser humano para construir sua subjetividade e a obra da civilização. A pulsão sublimante tem três destinos: a ciência, a arte e a religião. Se considerarmos a obra da civilização em todos os tempos, ela é fruto direto ou indireto de um desses três aviamentos. O engenho humano se expande por meio dessas três virtualidades. Foram elas que construíram e constroem a humanidade. Toda a organização da sociedade e todos os avanços da humanidade provêm de uma dessas três áreas. São elas que concretizam o ato de sublimação. Se compararmos o ser humano com o animal, o que marca a diferença entre eles é a prerrogativa da sublimação.

Se, por um lado, possuir uma força não pré-codificada é um privilégio, por outro, isso implica automaticamente na ética de conduzi-la para fins de cultura. Em virtude de sua essência, isto é, do fato de ser uma força transformante e transformadora, a pulsão tem um destino fantástico: levar a civilização adiante. Cada ser humano que nasce está destinado a entrar na cultura. O ser humano só se humaniza na medida em que puder participar da cultura e levá-la para a frente. E aquele que não teve ou não tem essa oportunidade é vítima de flagrante injustiça, vítima de discriminação psíquica, social ou material.

A vida humana é curta, mas, com certeza, suficiente para cada ser. Poder existir é, sem dúvida, um privilégio. Cada ser humano surge num momento histórico e está destinado a ocupar um lugar na história, um lugar único, que nunca existiu antes, especificamente o dele. Ninguém é repetição do outro. Único ("uniano"), porque nunca houve um igual a ele e nunca haverá outro. Destino único, pois se trata simplesmente de um sujeito.

É aqui que o drama se instala. O sujeito humano só é sujeito se dividido, ou graças a estar dividido. Instalado na linguagem, em sua ex-sistência, pena duramente na condução de sua pulsão para a sublimação. A pulsão é simplesmente indomável e só cessa com a morte. Em sua impulsividade, procura satisfação a qualquer preço. E, em procura cega ou única, o gozo resultante, paradoxalmente, pode ser o maior obstáculo para a realização do ser humano. O gozo o induz a se entregar à pulsão, sem limites. É por isso que o gozo leva à morte, pois em princípio elimina o sujeito e o Outro.

A sublimação precisa de certas condições para se realizar. Em primeiro lugar, logicamente e por sua própria definição, ela não pode existir se a pulsão encontra satisfação no gozo imediato. Nesse caso, não há sublimação. Ela exige uma condição essencial: *é preciso que a pulsão se transforme em obra*. Essa exigência que a psicanálise descobriu é muitas vezes denominada *opus*, termo latino para obra. Daí *opera* que é o nominativo plural de *opus* e significa, literalmente, "obras". Então, para que o processo de sublimação se realize é necessário que a pulsão se transforme e se translade em *opus*. Sem *opus*, não há processamento da pulsão, portanto, não há sublimação.

Lacan, no Seminário da Ética (nenhum psicanalista levou tão a fundo esse conceito), parte da idéia da criação. A criação segundo a teologia cristã consiste em fazer existir algo *ex nihilo suo et objecto*. *Ex nihilo suo* = "do nada seu" explicita a idéia de que passa a existir algo que nunca existiu antes. *Ex nihilo suo et objecto* = "do nada seu e do objeto" completa a idéia radical da criação efetuada por Deus, a saber, não só a partir do "nada seu" como também de "objeto nenhum" preexistente, como *Fiat lux et lux facta est* = "Faça-se a luz e a luz se fez". A luz não existia e passa a existir como pura criação, a partir do nada e de objeto nenhum, por intermédio do qual teria sido fabricada.

Lacan habilmente se serve dessa definição, mas evidentemente só de sua primeira parte. A criação humana, de qualquer ordem, será sempre *ex nihilo suo* = do nada seu, pois nunca existiu antes, mas *jamais* sem um objeto transformado, mediante o qual o *opus* passa a existir.

Lacan define também a sublimação como a circunscrição de um vazio. Recorre à figura do ceramista: o vaso que ele modela não existia antes e passa a existir ao circunscrever, segundo sua forma, um vazio. Finalmente, de maneira mais psicanalítica, Lacan explicita a sublimação usando o conceito de Freud sobre a *Coisa* (*das Ding*). Criar é dar a algo (*opus*) a dignidade da *Coisa, colonizar... o campo de das Ding* (Lacan). É fazer um não-ser (nada) ter a dignidade de passar a ser. A *Coisa* em si é impossível, inatingível. Ela está aí, ela é convocada a existir a partir do momento em que é nomeada. A *Coisa* é a partir do apelo. A nomeação a coloca como *ex-sistente*, ela passa a fazer parte do mundo simbólico, transforma-se tomando seu lugar na obra da civilização. *Trata-se*, diz Lacan, *do fato de que o homem modele esse significante e o introduza no mundo – dito de outro modo – de saber o que ele faz ao modelá-lo à imagem da* **Coisa***, porquanto esta se caracteriza por isto: é impossível no-la imaginar. É aí que se situa o problema da sublimação.*[9]

E aqui está outro drama constante para o sujeito humano. Estruturado pelos três registros do real, do imaginário e do simbólico, o tempo todo o imaginário o seduz para empregar a pulsão em si mesmo (narcisismo), manieta-o numa visão fantasmática de si e dos outros, não raro seduzindo-o para um gozo imediato ou virtual, de todo modo com exclusão do Outro. É por isso que o gozo do neurótico é inibidor e fica no extremo oposto da sublimação.

A sublimação supõe um imaginário a serviço do simbólico e sobretudo do real. O ego se serve da pulsão para seus fins (*Ichziele*). É o real que conta, isto é, sem *opus* não há sublimação. O imaginário é uma fonte preciosa de criação; é dele que a invenção do *opus* pode surgir. Mas só o real pode dar conta da sublimação.

Criar filhos é uma tarefa maximamente sublime, desde que a relação terciária nunca seja abandonada. A criança pode ser um *opus* por excelência, conquanto seja respeitada em sua subjetividade. Esse respeito inclui essencialmente duas atitudes constantes dos pais. É muito importante, tanto quanto possível, que a criança seja fruto do desejo dos pais, e não uma criatura do acaso, fora do amor deles. Todavia, atentemos sempre: os caminhos do inconsciente são sempre enigmáticos, fogem ao plano consciente.

É igualmente fundamental que a criança esteja e cresça sempre na posição terceira, no ápice de uma relação triangular. Ter filhos significa uma opção consciente pela continuidade da vida e pelos valores que a mantêm. Todo ser humano está inserido em valores e são eles que balizam todas as opções e ações humanas. O mesmo se diga do filho adotado. Só será verdadeiramente adotado se for fruto do desejo dos pais adotantes. Uma gravidez não desejada é uma gravidez não desejada. Isso, de modo algum, precisa excluir o fruto dela. Desde que ao filho ela não seja cobrada, ele, pessoalmente, será sempre bem-vindo.

Tendo em vista a neutralidade da pulsão, é evidente que são os valores que vão codificá-la, delimitá-la. É preciso ter sensibilidade para escutar os pais na dimensão dos valores deles. Saussure insistia sobre o fato de que uma das características fundamentais da língua é a noção de valor. Não se pode pensar ou falar sem palavras e as palavras não podem existir sem valor. De outro lado, ele insistia sobre o fato de que é o ponto de vista que cria o objeto. Daí o princípio da escuta total.

Construir a própria subjetividade é um processo lento, difícil e penoso. Infindo. A divisão do sujeito, a constância da força da pulsão e o engodo do imaginário colocam o ser humano numa luta incessante: a cada segundo, 24 horas por dia, temos de dar conta dos caminhos a seguir, das escolhas a fazer, das resoluções a tomar. É nisso que consiste a liberdade humana, pois, como vimos, no ser humano, nada é *instintualmente* determinado. A pulsão, "energia" única, precisa ser dirigida para o *opus* civilizatório. Nesse processo contínuo e inescapável, o ser humano se vê delimitado por três freios, que, quando bem dosados, são extremamente úteis.

Na procura da satisfação de sua pulsão ou na realização dos seus desejos, três obstáculos se interpõem no caminho: a castração, a frustração e a privação. Não há possibilidade de imaginar a vida humana fora desses três parâmetros. Simplesmente, não seria humana! Na busca de sua identificação, são esses processos que garantem ao ser humano a construção e a qualidade de sua subjetividade.

A castração é um processo simbólico permanente, mas que decorre da estrutura afixada por volta dos cinco anos de idade. Trata-se de uma identificação com o objeto sexual, que moldará toda a maneira de o sujeito se satisfazer ou se realizar na vida.

Cabe aqui uma observação de Françoise Dolto:

> *O complexo de Édipo, cuja organização se instala desde os três anos com a certeza de seu sexo e se resolve (o mais cedo por volta de seis anos) com a resolução e o despegamento do prazer incestuoso, é a encruzilhada das energias da infância, a partir da qual se organizam as avenidas da comunicação criadora e de sua fecundidade assumptível na sociedade.*[10]

Se essa passagem é o somatório de toda relação que a criança manteve desde sua concepção até por volta dos cinco ou seis anos, vê-se a importância absolutamente fundamental da relação entre os pais e a criança. Freud sempre sustentou que a psicanálise tem a possibilidade de propiciar meios para criar filhos menos neuróticos. Ora, é justamente a posição dos pais que pode possibilitar um desenvolvimento de menor sofrimento para os filhos. São eles que garantem e propiciam uma escolha edípica normalizadora. *A normalidade depende da castração,* afirmou Lacan no artigo sobre a função do fálus. É a castração que efetua a assunção da diferença sexual. Castração de homem ou de mulher não é a mesma coisa. Tanto que, na castração, o menino sai do complexo de Édipo e a menina se ata a ele definitivamente. A assunção tranqüila da diferença sexual propicia um bem-estar psíquico inestimável, uma normatização tranqüilizadora na vivência dessa diferença. A felicidade possível do ser humano está na razão direta da castração.

Prova disso é o que acontece com o homossexual e, mais ainda, com o transexual. A sexualidade traz problemas a todo ser humano, mas, diante dela, o sofrimento do homossexual e do transexual são maiores ainda. Por isso, no campo da castração, é fundamental que os pais "não brinquem em serviço". Desde o início da vida da criança, é preciso que ela se sinta como terceira e que seu objeto sexual não seja nem a mãe (para o menino) nem o pai (para a menina).

A promiscuidade sexual, o fato de os filhos dormirem na mesma cama ou no quarto dos pais, de tomarem banho com eles, de irem ao banheiro com eles, de trocarem de roupa na companhia deles com certeza, são atos daninhos para as crianças, pois se misturam a relação de alcova e a relação de pais. A alcova e seus pertences são próprios ao casal e ao contrato matrimonial. A relação dos pais com os filhos é uma relação terciária, que não diz respeito às intimidades da conjugalidade, regidas pela proibição do incesto.

Sempre que pais me procuram com queixas de que os filhos não dormem, têm medo de tudo, são agitados, não têm concentração, são nervosos, impacientes, vou direto à questão da convivência diária. O problema é quase sempre o mesmo: promiscuidade ou permissividade entre a vida privada do casal e a vida com os filhos. Estes não conseguem organizar sua subjetividade, pois ficam presos, atados, bloqueados entre a solução e a angústia de partilhar aquilo que é lhes é proibido ou para o qual não têm maturidade. Fica comprometida a construção de sua subjetividade segundo o movimento de seus desejos.

O descaso na relação edípica, que ocorre na organização atual da família, tem produzido efeitos devastadores: promiscuidade da vida íntima do casal com os filhos, que, por sua vez, infelizmente não raro, se relacionam sexualmente e chegam mesmo a efetivar gravidez. Além dos sérios problemas genéticos, o mais grave é que essa desordem edípica impossibilita a identidade subjetiva e mergulha pais e filhos numa confusão mental desestruturante. Chegamos a essa situação, em grande parte, pela queda da barreira entre o público e o privado, pelo declínio da função paterna, mas esses fatos não podem justificar a desestruturação da relação edípica, pois

SUBLIMAÇÃO   43

não só a sociedade, mas também as subjetividades acabam desastrosamente comprometidas.

Por volta dos cinco anos, na época da castração, é comum a criança apresentar sonhos de terror noturno. Antigamente, por exemplo, era um lobo que vinha raptá-la ou ela se via perdida numa floresta. Hoje, a criança sonha que se perdeu num grande *shopping* ou nas ruas da cidade. O terror noturno é elaboração do corte da castração. A criança está se dando conta de que pai e mãe têm de ser deixados. No terror noturno, a criança fica literalmente alucinada. Ele tem uma finalidade precisa: recuperar os pais, sobretudo a mãe. Importa acalmar a criança, afagá-la num abraço firme, carinhoso, mas jamais conduzi-la ao leito conjugal. Essa é a hora preciosa para marcar nitidamente para a criança a diferença estrutural entre as funções marido/mulher e pais/filhos. Quanto mais claramente se propiciar essas diferenças uma criança, mais ela se apaziguará e mais facilmente efetuará a passagem pela crise da castração.

Criar filhos supõe uma escolha, uma decisão que inclui renúncia: não submeter os filhos aos desejos dos pais e, sim, ao contrário, respeitar o desejo dos filhos, condição para que eles tenham acesso à subjetividade própria. Não se brinca com a castração. Ela é ou não é. Portar um pênis ou não o portar impõe a diferença. Ficar em meio termo, com atitudes ambivalentes ou palavras que não são palavras certas, definidas, de autoridade, mas puro disco de repetição, deixa a criança numa indecisão estrutural. Ela não sabe o que fazer com a pulsão, pois os pais não oferecem leis, parâmetros para conduzi-la. Exemplo claro disso é a mãe de Hans lhe afirmando que porta um pipi. Françoise Dolto pergunta: *Que é, então, essa resolução edipiana, essa palavra que sempre se vê nos escritos psicanalíticos e que se dá como a chave de um êxito ou, ao contrário, de certa morbidade psicológica entre os humanos?* E responde: *Trata-se da aceitação dessa lei do interdito do incesto, duma renúncia ao desejo do corpo-a-corpo genital com o genitor do sexo complementar e à rivalidade sexual com aquele do mesmo sexo até na vida imaginária.*[11]

Freud não titubeia em afirmar:

A barreira do incesto se conta provavelmente entre as aquisições históricas da humanidade (...) Mas, a indagação psicanalítica mostra a intensidade com que os indivíduos devem mesmo assim lutar contra a tentação do incesto nas diversas etapas de seu desenvolvimento e a freqüência com que o transgridem em suas fantasias e até na realidade.[12]

Contudo, Freud prioriza firmemente o princípio psicanalítico de que o ser humano se constitui como sujeito em função da sua relação com o Édipo:

Com acerto se tem dito que o complexo de Édipo é o complexo nuclear das neuroses, a peça essencial do conteúdo delas. Nele culmina a sexualidade infantil que, por suas conseqüências, influi decisivamente sobre a sexualidade do adulto. A todo ser humano que nasce se apresenta a tarefa de dominar o complexo de Édipo; aquele que não o pode resolver, cai na neurose.

E acrescenta algo que diz respeito à própria essência da psicanálise: *O progresso do trabalho psicanalítico tem destacado com traços cada vez mais nítidos essa importância do complexo de Édipo; seu reconhecimento tem passado a ser o shibbólet que separa os partidários da análise de seus oponentes.*[13]

Dolto explicita as conseqüências da resolução ou não resolução do Édipo: *O fato de que o complexo de Édipo está resolvido aparece de uma maneira indireta quando a criança tornada fácil no lar é capaz de deslocar a situação emocional trinitária primitiva para reportá-la ao mundo ambiente, à escola e às atividades lúdicas; entre colegas numerosos, pode fazer dois ou três amigos verdadeiros, amizades à prova de desilusões.*[14] Todavia, à criança não castrada resta um futuro embaçado. *A criança que não resolveu o Édipo permanece dominada pelo ambiente emocional de sua relação com a mãe ou o pai. Com seus raros colegas, o sujeito repete situações a dois ou briga em situações de vários, com crises de ciúme de estilo homossexual, idêntico ao ciúme edípico ainda presente e que lhe corrói o coração.*[15] E conclui: *Confirmando a universalidade no inconsciente do complexo de castração, cada vez que há ignorância inconsciente do interdito do incesto, a clínica demonstra graves perturbações afetivas e mentais em todos os membros da família.*[16] Os pais não podem titubear na ordenação edípica: é a função simbólica do nome-do-pai que garante a posição dos pais e a dos filhos. Atitudes ambivalentes ou fragilizadas precisam ser evitadas, pois são desastrosas. A atitude mais fundamental por parte dos pais é a *firmeza*, isto é, a atitude sempre bem definida. Uma criança sabe perfeitamente se um pai ou uma mãe falam com essa atitude.

Um casal me procura porque está desesperado com um filho de seis anos. Não os obedece em nada. É agressivo, ataca a tudo e a todos. Quando precisam que cumpra uma ordem, como ir à escola, tomar banho, dormir, passam um tempo enorme a parlamentar com ele. Se vão ao restaurante, primeiro o pai come e a mãe fica do lado de fora com o menino. Depois, é vez da mãe. Tudo isso, porque o garoto tem comportamento destruidor na mesa. É simples imaginar o quanto tais pais estavam completamente dominados pela pulsão solta dessa criança e, ao mesmo tempo, podemos aquilatar a imensa angústia dela.

Certa vez, eu me encontrava na sala de espera de um dentista. Na mesma sala, havia dois garotos de 10 ou 11 anos, que brincavam num computador. Passado certo tempo, a mãe deles, já atendida pelo dentista, coloca-se ao lado deles e diz: "Vamos embora, já estou pronta". Os meninos, absolutamente indiferentes, continuavam a mexer no computador, tec, tec, tec...: "Eu já disse, vamos embora!". Tec, tec, tec...: "Filhos, eu tenho compromisso, precisamos ir". Tec, tec, tec...

Nos minutos que o dentista demorou para me chamar, a cena continuou: a falta de firmeza e de autoridade da mãe revelava pouca ou nenhuma convicção. As crianças respondiam à altura: simplesmente ficavam indiferentes. De outro lado, em meu sentimento de pai, não pude deixar de sentir certa irritação com a atitude indiferente dos meninos. Era a contrapartida diante da fragilidade da palavra da mãe. Da cadeira de dentista continuei escutando a fala mole dela, sem determinação alguma, embora eu a tivesse notado nervosa e preocupada.

A criança precisa, às vezes desesperadamente, que o pai, a mãe ou, melhor ainda, ambos a ordenem. Sob o ímpeto da pulsão, ela não sabe como encaminhá-la. São os pais que, aos poucos, vão fornecendo os meios de conduzi-la. A sublimação acaba sendo uma tarefa tanto mais difícil quanto mais os pais se abstiverem na sua função de educadores. Numa consulta a uma psicanalista, o casal informa que o filho de cinco anos só faz cocô no boxe do banheiro. A psicanalista simplesmente intervém: "E vocês deixam?". Nunca mais a criança fez cocô no boxe, passou a usar o vaso sanitário.

Uma coisa é certa, por sua própria essência, a pulsão precisa de balizamento, de trilhamentos, pois parada ela não fica. Não orientada, simplesmente escolherá caminhos imediatistas de descarga: o corpo ou a psique, senão ambos, pagarão por isso. A castração não é apenas a proibição de dormir com o genitor (filha) ou a genitora (filho) ou desejá-los, mas, também a coordenação da pulsão e das manifestações do desejo, de que os pais não podem abrir mão. Castração é o mesmo que ordenação da criança que, se dela se beneficia, cresce tranqüila, dorme bem em seu quarto, assume cedo seus brinquedos e, uma vez na escola, desenvolve-se harmonicamente consigo mesma e com os outros. Uma criança castrada, isto é, sempre respeitada em sua posição terceira, no ápice da relação triangular, é uma criança simplesmente feliz, de bem consigo mesma e com a vida.

Nesse processo de conquista da subjetividade há ainda dois obstáculos que não comentamos: A frustração e a privação. Decorrentes da castração, a frustração e a privação são dois fatores que podem tanto complicar quanto favorecer o crescimento subjetivo da criança, dependendo da qualidade da castração.

A frustração é da ordem do imaginário e é inerente à condição humana. Estamos sujeitos a toda ordem de frustrações: aquelas que procedem de nossas limitações pessoais e aquelas que nos golpeiam vindas a partir do mundo externo. As frustrações são sempre fruto da defasagem entre nosso ego ideal e nossos ideais de ego. Uma criança que, desde cedo, convive com uma castração sadia, certamente sofrerá menos com os golpes das frustrações que a vida inevitavelmente lhe pespegará. A castração propicia certa tranqüilidade psíquica na hora de encarar e suportar a frustração. Caso tenha sido falha, a criança se torna birrenta, revoltada, rabugenta, reivindicativa, chorosa, agressiva. Um nada que a contrarie é um deus-nos-acuda. Trata-se de criança neurótica, infeliz. Por falta da castração, não assimilou o essencial para a sublimação: *a renúncia* (*Kulturversagung*). Assim, está sujeita à pulsão solta e, por isso é que um nada que lhe faça obstáculo vira uma catástrofe. Certos pais, cientes dessas reações doentias de seus filhos tentam antecipar ou "apaziguar" os cataclismos reativos submetendo-se ainda mais aos caprichos das crianças. Tornam-se seus capachos, correm para abafar a tempestade com objetos de consumo. Quanto mais assim procedem mais no abismo da angústia, do desespero e do voluntarismo jogam seus filhos. A criança,

SUBLIMAÇÃO   47

vítima de tal desordenação causada pela omissão do pai, mas sobretudo da
mãe, torna-se uma pequena tirana mas com muito sofrimento interior, pois
percebe que está perdendo o controle e que não consegue estudar, brincar,
fazer amizades e nem mesmo dormir.

Uma criança de três anos brincava com sua tia psicanalista, montan-
do objetos superpostos que diminuíam de tamanho a partir da base. Não
conseguindo montar o brinquedo, num acesso de raiva, deu um tapa nas
peças, espalhando-as pelo chão. A tia, calmamente, disse: "Assim, não. Não
pode desanimar. É preciso tentar de novo, até conseguir. Vamos lá, a tia
ajuda". A criança retomou o domínio de si, reempreendeu a construção do
brinquedo e conseguiu montá-lo corretamente. Sua alegria e sua satisfação
eram visíveis. Graças à intervenção da tia, essa criança transformou o gozo da
destruição, da vingança, enfim, da frustração, em pulsão sublimada. O gozo
alcançado com a construção do brinquedo (além do prazer da manipulação
do objeto) é da ordem da sublimação, pois resulta da pulsão transformada em
opus. Parece um exemplo banal. Talvez para os adultos. Mas, para a criança,
a tarefa é tão importante quanto um cronista conseguir redigir sua crônica
em dia de falta de inspiração. É levando a criança a superar as frustrações
do dia-a-dia, com os pais, os irmãos, os parentes, as roupas, os calçados, a
comida, os brinquedos, a escola, as festinhas, as saídas, as viagens que ela
se fortalecerá para os grandes embates da vida.

Vejamos agora a privação. A privação já é de outra ordem. Trata-
se de algo do real, quase sempre daquilo que é devido, ou é da ordem
da necessidade. Privar-se de alimento, do calor no frio (sem roupa, por
exemplo), estar numa situação de desemprego, ser objeto de preconceitos
e discriminações, estar preso: essas são algumas das limitações ou humi-
lhações pelas quais o ser humano pode passar. Também aqui é a maneira
como o sujeito passou pela castração que o guiará nessas circunstâncias
tão dolorosas de sua existência. É impressionante, é exemplo simplesmente arrasador como certos sujeitos, homens, mulheres, jovens e mesmo
crianças, enfrentaram e enfrentam prisões absolutamente injustas e até
mesmo o corredor da morte com ânimo forte, inquebrantável, em tudo
encontrando meios de sublimar o aparentemente insublimável. Donde
tiraram ou tiram força para tanto heroísmo? Simplesmente da castração,
da educação que receberam.

Penso que há quatro atitudes que favorecem enormemente o processo da sublimação: o respeito ao outro, a partilha, a gratidão e as boas maneiras. Do respeito ao outro e da partilha, já observamos alguma coisa no capítulo anterior. Amplio aqui tais conceitos com mais algumas considerações.

O respeito ao outro fundamenta a vivência daquilo que é mais real no ser humano: seu absoluto desamparo (*Hilflosigkeit*). O respeito ao outro, além de ser um ato moral que deve ser cedo despertado na criança, é sobretudo a certeza inconsciente de que, sem o outro, nada somos e nada podemos ser. Trata-se simplesmente da radicalidade da dependência do outro para sobreviver e viver. A verdadeira educação faculta esse princípio à criança, desde os albores de sua existência. Como respeito ao outro, hoje, entenda-se essencialmente como respeito ao outro ser humano. Mas esse conceito, em época de "ecocídio" e "biocídio", estende-se à universalidade da interdependência de todos os seres, vivos e não vivos. O ser humano nada é sem a molécula e a molécula não é sem o cuidado dele. Nunca dantes Eros e Tânatos estiveram tanto na ordem do dia! É estarrecedor, mas, ano a ano, são numerosas as espécies que desaparecem do planeta.

Vale aqui uma referência a Emmanuel Lévinas. Em seu livro *Da existência ao existente*,[17] Lévinas, prisioneiro em campo de concentração, certa tarde, ao voltar dos trabalhos forçados com outros companheiros, os guardas alemães a vigiá-los de uma janela, de metralhadora em punho, chegou à seguinte reflexão: para os olhares da janela, ali não havia nenhuma alteridade. O outro em sua alteridade era simplesmente negado. Guardas e prisioneiros eram afirmados em suas diferenças unicamente em função do projeto de Hitler. Estavam na mais completa impessoalidade, árida, vazia. Dado que é o existente que dá sentido aos entes no mundo, essa impessoalidade só poderia ser superada no *ser-para-o-outro*, momento ético de respeito à alteridade. Soldados e prisioneiros nada eram uns para os outros, eram apenas objetos, apetrechos necessários para a guerra: o judeu era objeto para ser exterminado. Lévinas afirma que só é possível sair dessa impessoalidade, desse mundo *dessubjetivado*, se o ser-para-o-outro permitir "a deposição da soberania pelo eu", possibilitar uma "relação social com outro des-inter-essada". O ser-para-o-outro produz um efeito subjetivante paradoxal: o ser-para-o-outro des-inter-essado reconhece o outro como alteridade singular,

SUBLIMAÇÃO

confere-lhe o estatuto de sujeito e, retroativamente, esse reconhecimento faculta ao sujeito reconhecente o mesmo estatuto.

Nesse sentido, podemos afirmar que a formação da criança é profundamente marcada pelo modo como os pais se relacionam como esposos. O modo como um é para o outro, como um trata o outro, isto é, como cada um reconhece a alteridade do outro, imprime marcas indeléveis no inconsciente dos filhos. O amor entre os pais talvez seja o testemunho mais vivo para a formação dos filhos. Um casal que verdadeiramente se ama e se respeita, que dá continuamente o testemunho de um desejo recíproco, oferece aos filhos um modelo de como vale a pena viver e de como eles, por sua vez, poderão almejar a realização de suas vidas no amor.[3] Ao contrário,

---

[3] Neste mundo de visibilidade, de tantos egoísmos e individualismos, é deveras interessantíssimo como o conceito de amor se expandiu tanto para banalidades como para o aprofundamento da concepção do universo. Neste último trata-se de um deslocamento da ética antropocêntrica para uma ética biocêntrica. *O élan vital*, diz Carlos Brandão, *que tudo une e unifica e a tudo dá o seu verdadeiro sentido, convoca a pessoa de cada um de nós a uma nova ética do ambiente. O desvelamento de uma nova compreensão afetiva deveria descobrir de maneira conseqüente e inevitável a face amorosa de nossa responsabilidade para com nós mesmos, a vida e o mundo. Eis o que estou chamando aqui, sem que a idéia e o conceito sejam meus, de uma nova ética do ambiente, ao mesmo tempo filha e irmã de uma polissêmica nova lógica da natureza, de onde saímos bem mais irmãos do universo do que senhores do mundo* (BRANDÃO,C.R. *Aprender o amor: Sobre um afeto que se aprende a viver*, Papirus, Campinas, SP, 2005, p. 204).
Nesse sentido *a liberdade cresce no solo fértil da troca com o outro reconhecido como igual, e não no aumento desigual do poder de uns sobre os outros* (*ibidem*, p. 186).
Essa tendência busca na biologia a razão da interdependência entre os seres viventes e o universo. Baseada na ética dos "elos" e na ética da "reciprocidade" dos seres humanos e destes com toda a natureza até a mínima célula ou o "mundo" do átomo, essa concepção encontra no amor o sustentáculo de sua razão de ser. *Considerado em sua plena realidade biológica*, diz T. de Chardin, *o amor (quer dizer, a afinidade do ser com o ser) não é exclusivo do Homem. Representa uma propriedade geral da Vida e, como tal, molda-se em variedades e em graus a todas as formas que toma sucessivamente a matéria organizada* (*apud* BRANDÃO, *op. cit.*, p. 197). Ou em Marcuse: *Em vez de tratar a natureza como objeto passivo de uma possível manipulação técnica, podemos dirigir-nos a ela como a um parceiro numa possível interação. Em vez de uma natureza explorada, podemos ir em busca da natureza fraterna* (*ibidem*, p. 207).
Enfim, os biólogos chilenos Humberto Maturana e F. Varela adotaram plenamente essa tese: *A esse ato de ampliar nosso domínio cognitivo reflexivo, que sempre implica uma experiência nova, só podemos chegar pelo raciocínio motivado pelo encontro com o outro, pela possibilidade de olhar o outro como um igual, num ato que habitualmente chamamos de amor ou, se não quisermos usar uma palavra tão forte, a aceitação do outro ao nosso lado*

um casal que pouco ou nada se entende muito pode prejudicar os filhos. Freud diz: *Desavenças entre pais, sua vida conjugal desditosa, condicionam a mais grave predisposição para um desenvolvimento sexual perturbado ou o contrair de uma neurose por parte dos filhos.*[18]

E o segundo princípio completa esse primeiro de maneira includente: a partilha. A partilha é, por assim dizer, o complemento lógico do princípio do respeito. Se eu sou apenas porque o outro me fez ou me faz, não posso sequer me imaginar sem o outro. Essa consciência constante da dependência do outro e do outro depender de mim, gera cooperação, sentido comunitário, solidariedade entre os seres humanos. Nada mais formativo para o ser humano e para a humanidade do que o senso do outro. Desde que o senso do outro seja elemento-guia, a tela de fundo da formação superegóica, tudo muda para o acerto, o acordo na sociedade humana. Carlos Rodrigues Brandão explicita a idéia da necessidade e o bem da partilha nesses termos:

> *E sabemos que a obrigação do dever social da troca de pessoas entre pessoas das unidades sociais de que são parte é uma entre as várias outras relações de partilha e de reciprocidade por meio das quais podemos conviver nos termos próprios à nossa espécie natural de seres da vida. Conviver e – entre alguns conflitos e longos tempos de paz – criar a comunidade, estabelecer os princípios geradores da reciprocidade e aprender que só é possível viver como humano dentro de experiências cotidianas e histórias de partilha. A difícil e amorosa obrigação de não reter para mim o que poderia ser*

---

na convivência. Esse é o fundamento biológico do fenômeno social: sem amor, sem aceitação do outro ao nosso lado, não há socialização, e sem socialização não há humanidade. Tudo o que limite a aceitação do outro – seja a competição, a posse da verdade ou a certeza ideológica – destrói ou restringe a ocorrência do fenômeno social e, portanto, também o humano, porque destrói o processo biológico que o gera. Não se trata de moralizar – não estamos pregando o amor, mas apenas destacando o fato de que biologicamente, sem amor, sem a aceitação do outro, não há fenômeno social. Se ainda se convive assim, é hipocritamente, na indiferença ativa ou ativa negação (ibidem, p. 184).

Não resisto a sugerir que o/a leitor/a leia o magnífico livro-testemunho de Carlos Rodrigues Brandão, *Aprender o amor: Sobre um afeto que se aprende a viver.* Trata-se simplesmente de uma vida inteiramente sublimada, entregue à promoção e a libertação do outro, uma vida dedicada à construção da civilização, da cultura.

meu. De sair de mim mesmo e ir ao meu outro, para dar a ele aquilo que, como bem ou posse, vale tanto em mim e para mim, mas que, como dom e troca, valha entre nós mais o gesto do reconhecimento e a sua metáfora recoberta de símbolos, mitos e ritos do que apenas um momento obrigatório de algum princípio social de fazer circular as coisas (mesmo pessoas "coisificadas") entre sócios.[19]

A gratidão, por sua vez, é sem dúvida uma das mais belas atitudes humanas. A gratidão desperta diuturnamente o reconhecimento do dom da vida, do outro, do que recebemos, do que usufruímos, da natureza e de tudo o que a compõe, pois dela dependemos e dela somos continuidade na cadeia da vida. A gratidão eleva a dignidade do outro, reconhece-o como sujeito. A gratidão é gesto que irmana os seres humanos e os solidariza na convivência da humanidade.

Enfim, as boas maneiras. Desde que o amor cortês ficou para trás no caminhar da história: desde que, em nossos dias, os cumprimentos de cortesia e civilidade têm-se rareado, importa que os pais cuidem com carinho para que seus filhos se pautem por atitudes e modos civilizados. O respeito ao outro, seja para quem for, expressa-se na maneira como o tratamos. As boas maneiras têm uma função especificamente humana: a de aproximar os seres humanos. Elas são sempre bem-vindas, despertam o bem-estar e dispõem os protagonistas para a acolhida, o calor humano, o entendimento. Prova de que as boas maneiras se encurtaram é a redução dos diversos cumprimentos a um simples "oi". De todo modo, um oi, um bom-dia, um boa-tarde, um boa-noite, boa sorte, muito obrigado, por obséquio, por gentileza, por favor ou parabéns em bom tom são como um sol que surge entre as nuvens. As boas maneiras aliviam as agruras e a luta da vida. Grande parte da violência hodierna surge da escassez de bons modos, de falhas de civilidade.

Por ocasião do referendo sobre o comércio de armas (em outubro de 2005), o jornalista Carlos Heitor Cony chegou a afirmar que "boas maneiras" seriam mais eficientes para resolver conflitos que o porte de armas. De fato, a mídia tem divulgado constantemente que simples brigas de trânsito resultam na morte de um dos condutores. Aqui, sempre está presente a luta de prestígio. Costumo dizer que a espiral da violência que sustenta essa luta entre duas ou mais pessoas precisa ser desmontada. Se cometemos um erro no trânsito, o prejudicado poderá nos xingar ou vir a nós com toda a violência. Se o enfrentamos, a espiral iniciada por ele será completada por nós em sua primeira volta. E aí ela tenderá a crescer como um tornado. Mas, se reconhecermos nosso erro e pedirmos desculpas, a espiral estará desmontada na base. A luta de prestígio não acontece e o entendimento é possível. A solução sempre vem de um ponto terceiro, jamais da relação a dois. As boas maneiras impedem que a agressividade, que é estrutural e sustentáculo na formação egóica, transforme-se em agressão. Elas desarmam o gatilho da violência. É, pois, justo dizer que as boas maneiras contribuem infinitamente mais para a obra da civilização que as armas. As boas maneiras desarmam a agressão e fortificam a agressividade. Mas é preciso que não sejam mera formalidade e, sim, um ato de acolhida ao outro. Assim, quando aperto a mão a um paciente, faço questão que esse ato tenha calor humano, seja um ato consciente de recepção e jamais mera formalidade.

Concluindo, sublimação não é outra coisa que dar continuidade ao *opus* humano, à construção da humanidade, à preservação do legado da civilização, da cultura. Os que não tiveram ou continuam não tendo acesso a ela são os discriminados da sociedade humana, vítimas de uma injustiça empedernida. A divisão dos seres humanos entre incluídos e excluídos, diria Freud, é a prova do fracasso do chamado progresso de nossa civilização.

Instinto, pulsão, sublimação

> *Pode-se dizer que o grau de repressão*
> *é ao mesmo tempo aquele de nossa saúde*
> *psíquica.*
> Freud

> *A vida é tão maravilhosa que não tem jeito*
> *de se pôr um ponto final na sua expressão.*
> Adélia Prado

A teoria da sublimação para explicar o que acontece com a energia (pulsão) humana foi um rico achado de Freud. Retomemos o conceito para bem nos situarmos.

Freud retira à física, como vimos, o conceito de sublimação: processo em que um elemento da natureza pode mudar de estado sem perder sua qualidade. Exemplo clássico é a água ou a nafta. Assim a pulsão. Ela é de essência sexual, mas pode transformar-se quanto ao fim e ao objeto.

A questão toda está em que o instinto não poderia dar conta do que ocorre com a pulsão. No instinto, tudo está prefixado em todas as espécies animais. Cada espécie se rege pela força e determinação do instinto: o instinto lhe garante a conservação, o comportamento e a multiplicação. Cada novo animal repete invariavelmente em sua existência o mesmo modo de existir de seus antecessores. Ora, isso não se dá com a pulsão que energiza o ser humano. Nenhum ser humano repete o outro. Embora os comportamentos possam ser semelhantes, do ponto de vista subjetivo, cada qual é absolutamente único. Isso se dá porque a pulsão se transforma conforme cada sujeito a vive. A pulsão não é instinto, porque se modela sempre segundo a linguagem e a linguagem que lhe é oferecida para se identificar. Essa plasticidade da pulsão lhe garante uma qualidade excepcional: é essencialmente polimorfa, transforma-se segundo o encaminhamento que se lhe oferecer. Ela trilha caminhos infindos e infinitamente variados. A criança, ao nascer, nada tem de predeterminado em sua pulsão. Ela encetará as direções que seus pais lhe oferecerem. Isso, no mínimo, significa que a responsabilidade de ser pai e a de ser mãe é total.

Cabe aqui, a fim de ilustrar a plasticidade da pulsão, recordar a história impressionante de Kamala, a menina criada por lobos e capturada pelo missionário Singh, na Índia. Kamala tinha mais ou menos sete anos quando foi levada para um orfanato. Ela só andava de quatro, suas mãos serviam de patas. Estava totalmente lupinizada: alimentava-se de restos de animais mortos, levava a boca à comida e uivava como seus companheiros de selva nas noites de luar. Com muito esforço e muita massagem, conseguiu-se que ela ficasse ereta e as mãos se endireitassem. Foi muito difícil levá-la a adquirir hábitos alimentares humanos. Sempre que precisava se deslocar mais rapidamente, Kamala voltava à posição quadrúpede. Ela conseguiu aprender 40 palavras. Afetivamente, apresentava o comportamento de uma criança de três ou quatro anos. Muito laboriosamente, alcançou o domínio dos esfíncteres. Evidentemente, não se tratava de uma criança idiota. Após dez anos de orfanato, veio a falecer. Opino que, ao vislumbrar o abismo que existia entre o mundo animal e a vida humana, ela não deu conta, simplesmente morreu, tal foi sua angústia.

Observemos o seguinte: a pulsão de Kamala, ao ser tratada, acolhida por seus educadores, aos poucos respondeu até certo ponto aos significantes do processo de humanização, e ela abandonou os apelos da lupinização. De menina-loba, transformou-se na menina-Kamala.[20]

É interessante, e ao mesmo tempo óbvio, notar que, em que pesem o carinho, o amor ou os apelos dos donos de cachorros, gato, etc, jamais os impulsos vitais (instinto) desses animais se transformam em pulsão sublimada, civilizada. A prova definitiva de que a pulsão não é instinto é que ela, em cada ser humano que nasce, tem de começar de novo o caminho da civilização. Pouco adianta os pais serem letrados ou cientistas. A criança tem de fazer o seu árduo caminho para aviar sua pulsão e, assim, tornar-se parte da espécie humana. O instinto é da ordem da natureza. A pulsão é da ordem da representação, do simbólico.

No ser humano, nada é natural. Tudo o que diz respeito à sua *existência* é da ordem da linguagem. O corpo, o espírito, a comida, a roupa, o frio, o calor, o sono, a higiene, o sexo, o homem, a mulher, a criança, o jovem, a arte, a ciência, a religião, a sociedade, a morte, o túmulo nada,

INSTINTO, PULSÃO, SUBLIMAÇÃO

nada é natural ao ser humano, ele simplesmente vive fora de sua essência, pois, em sua *ex-sistência* como sujeito, sujeito de direitos e deveres, habita o mundo simbólico: *É a palavra que o faz homem* (Heidegger).

Destino ditoso, mas árduo, sofrido. A força com a qual nasce, carece de destinos, só orientada poderá transformar a criança em ser humano. Homem e mulher serão humanos exatamente na medida em que forem capazes de transformar a pulsão na aquisição do simbólico, na construção da civilização. Esse é precisamente o conceito de sublimação em psicanálise. Descoberta fantástica! A psicanálise não propõe uma filosofia de vida nem uma *Weltanschauung*. Ela descobriu que a saúde mental está diretamente ligada à capacidade de sublimação do sujeito humano. Quanto mais pulsão atada (ao simbólico) menos recalcamento conflitivo, mais realização humana, menos neurose. A sublimação é uma tarefa contínua, difícil. Viver na consciência da obra da cultura supõe abnegação e renúncia constantes: *A sublimação das pulsões constitui um dos traços mais destacáveis do desenvolvimento cultural; é ela que permite às atividades psíquicas elevadas, científicas, artísticas ou filosóficas de representar um papel tão importante na vida dos seres civilizados.*[21]

Freud distingue três aspectos na articulação da pulsão: o dinâmico, o topológico, o econômico.

A manifestação dinâmica diz respeito à própria essência da pulsão: ela é uma "força constante". Nada a detém, ela só cessa com a morte física. Essa força mantém nosso corpo em funcionamento: sua fisiologia, sua constância, sua homeostase anima nosso espírito, nosso pensamento, movimenta nossos desejos, pelo fato de que sustenta a errância de nossos objetos parciais. O aspecto dinâmico da pulsão resulta de sua própria natureza: uma energia permanente que ativa e repousa o ser humano, segundo as determinações que lhe foram impostas desde seu nascimento.

O aspecto topológico diz respeito aos planos representativos não euclidianos em que a pulsão atua. Freud fala de instâncias em que a ação dela pode ser detectada: na primeira tópica, Freud nos diz que ela pode ser notada no *inconsciente*, no *pré-consciente* e no *consciente*; na segunda, no *id*, no *ego* e no *superego*. A maneira como essa força se manifesta nessas diversas instâncias é diferente, mas é sempre ela mesma que age.

Finalmente, o aspecto econômico, aspecto que interessa particularmente à questão da sublimação. Esse aspecto consiste no controle que o sujeito humano tende a exercer sobre as diversas manifestações da pulsão. Todo ser humano procura um equilíbrio (uma boa economia) que regule a intensidade, a satisfação e o gozo da pulsão. Há manifestações da pulsão que são bem-vindas, realizantes, pacificantes, outras podem ser violentas ou simplesmente insuportáveis. Todas elas, o sujeito as recalca, pelo simples fato de que essas manifestações são mutantes, intercambiáveis e infinitamente representáveis. Há pulsões recalcadas que podem voltar ao consciente até prazerosamente, mas há as que são insuportáveis. Essas, o sujeito tende a re-recalcá-las o mais rapidamente possível, procura esquecê-las. Mas em vão. Elas infalivelmente voltarão. Ao voltarem, sem cessar, tornam-se insuportáveis, pois o recalcado e sua manifestação (sintoma) são da mesma natureza: ambos são pura representação, um é metáfora do outro. É aí que um compromisso pode ser "criado": a formação de um sintoma. Sintoma, como a própria palavra diz, é uma manifestação substitutiva que leva con-(*syn*)-sigo o próprio núcleo patógeno que se tornou insuportável. O sintoma é, pois, uma manifestação patológica (sofrida) de uma representação que não "pôde" chegar ao consciente. Mas o sintoma como é da mesma natureza do recalcado, apresenta uma dupla face paradoxal: de um lado, gera gozo (ganho secundário), pois o paciente goza de que cuidem dele, corram por ele. Isso, por exemplo, faz a delícia da histérica, mais ainda do perverso; de outro lado, gera sofrimento, não raro insuportável, pois o sujeito "sabe" que, quanto mais sintomas, mais longe está de resolver o seu problema, mais distante vai ficando de sua subjetividade. O sintoma faz sofrer, pois é simplesmente metáfora de um núcleo patógeno. Ora, é aqui, dissipado esse núcleo pelo tratamento psicanalítico, que a sublimação pode aparecer claramente como saída realizante para o ser humano.

Freud diz que *a civilização é o fruto da repressão* (*Unterdrückung*). Evidentemente, não está falando do recalque. O recalque (*Verdrängung*) é um movimento espontâneo e necessário de nosso psiquismo. Não há possibilidade de abarcarmos num presente imenso nossa vida, nossa história. O presente ou o consciente representa a menor parte do nosso mundo psíquico, a tal ponto que, nesta altura desta frase, seu início já faz parte do passado. O recalque é necessário, pois sem ele nossa vida psíquica seria impossível,

INSTINTO, PULSÃO, SUBLIMAÇÃO

insuportável. Como entendermos, então, a "repressão"? É aqui que o conceito de sublimação vem ilustrar a propriedade única e a beleza da pulsão: quando "reprimida", não deixada solta, isto é, quando atada ao simbólico, a um significante, ela transforma aquele ente nascente num ser humano. Aos poucos, graças a ela, ele poderá se tornar um sujeito, sujeito de seus desejos, de seus atos, de suas criações. A "repressão" não é outra coisa que não a castração, isto é, sinônimo de pulsão ordenada. Lacan explicita essa experiência da psicanálise da seguinte maneira: *Aquilo de que a experiência analítica dá testemunho é que a castração é em todo caso o que regra o desejo no normal e no anormal.*[22]

A castração é o grande segredo da e-ducação (do latim *e-ducere*, conduzir para fora). É preciso que a criança cresça em liberdade, isto é, não escravizada aos impulsos interiores ou às imposições exteriores. O desejo, no normal ou no anormal, vem regrado pela maneira como a castração agiu ou age. O sujeito, bem castrado, isto é, o sujeito que recebeu significantes adequados na hora certa, para ordenar a sua pulsão segundo a Lei, terá acesso a seus desejos e os realizará segundo uma ordenação benfazeja, tranqüilizante. Suas ações serão concertadas, seus atos lhe retornarão efeitos de bem-estar. Mas o desejo do anormal, seja ele de qualquer patologia, pouco ou nada o beneficiará, pois os atos virão sempre contaminados por um sofrimento especial, que os toldam e os tornam pouco ou nada realizantes. A falta da castração introduz no sujeito uma angústia permanente, mas *in crescendo*. Trata-se da falta da falta (da castração). Por isso, é muito difícil a vida do neurótico, e, mais ainda, a do psicótico.

Sem a repressão, a pulsão fica sem direção, sem condução. Esse direcionamento vai no sentido contrário do recalcamento. Na sublimação, a pulsão é recebida no ego e sua força é transformada em realizações humanizantes. Ela não fica parada em devaneios, em idealizações, em fantasias sem fim ou em sintomas obsessivos. Ela é movida por *ideais* que são bússolas a indicar os caminhos das realizações. A sublimação da pulsão só existe se a pulsão se transformar em obras, seja do ponto de vista subjetivo (superação de si mesmo, resolução de sintomas, "saber fazer com" o *synthoma*), seja do ponto de vista objetivo: o que conta é o trabalho, são as obras. Estas é que dão testemunho de que houve sublimação.

Resumindo, o conceito nominal de educação vem de *e-ducere*, "conduzir para fora". Ora, a e-ducação consiste exatamente nisso: conduzir para fora a pulsão da criança, do jovem, do adulto, para que ela se transforme em realizações humanas. E-ducação, para a psicanálise, consiste em fornecer à criança significantes que lhe permitam simbolizar suas pulsões e, uma vez simbolizadas, torná-las realizáveis segundo a Lei. Trata-se de um processo ininterrupto, um projeto de hominização e de humanização a que todo ser humano é eticamente convocado. Trata-se simplesmente de um compromisso ético, intrínseco à pulsão como tal: a pulsão precisa ser direcionada, inescapavelmente precisa ser assumida. Como cada ser humano, homem ou mulher, é único, cada qual tem de assumir sua existência e dela dar conta. Cada um responde por sua pulsão. Como a existência neste mundo é uma só, importa não dispersar essa força preciosa, transformante. Importa não a malbaratar naquilo em que seria destrutiva para o sujeito humano e a obra da civilização: as guerras, o ódio, a violência, a agressão, a inveja, os sintomas, as doenças físicas ou psíquicas, a destruição de si ou de outrem... Tudo isso só leva à entropia da energia, é energia literalmente jogada fora. Uma e-ducação bem conduzida pode transformar a pulsão em energia positiva, em construção de sujeito e de humanidade.

Se bem que não possamos sublimar todo tempo, uma coisa é certa: a sublimação como ideal pode transformar nossas fraquezas e misérias em obras realizantes para cada um de nós e para a humanidade. A sublimação como ideal nos alça à grandeza do mundo, do universo. Freud, porém, adverte sobre o custo de tal ideal:

> *É impossível não se dar conta da larga medida em que o edifício da civilização repousa sobre o princípio da renúncia aos impulsos instintivos e a que ponto ela postula precisamente a não-satisfação (repressão, recalque ou qualquer outro mecanismo) de poderosas pulsões. Essa "Kulturversagung", essa "renúncia cultural" rege o vasto domínio das relações sociais entre os humanos.*[23]

Não é possível sequer imaginar "cultura" sem a *Kulturversagung*. Trata-se de um compromisso, de um pacto do qual não se pode abrir mão. A cada geração, é absolutamente necessário que esse compromisso seja renovado,

INSTINTO, PULSÃO, SUBLIMAÇÃO

impingido, assegurado como num rito de passagem contínuo. Trata-se mesmo daquilo que Freud chama de um "superego cultural", isto é, uma internalização tal desse compromisso, que ele impere firme e tranqüilamente em todas as ações e decisões dos seres humanos.

É a e-ducação que fundamenta esse superego cultural, pois:

Nada na vida psíquica pode se perder, nada do que se formou desaparece, tudo é conservado de alguma maneira e pode reaparecer em certas circunstâncias favoráveis, por exemplo, no curso de uma regressão suficiente.[24]

Tudo o que semeamos (a palavra é a semente) em nossos filhos, certamente brotará. O que importa é semear a boa semente, aquela que, brotando, possa sustentar os pactos civilizados. E Freud conclui:

Nós não podemos imaginar traço mais característico da civilização que o apreço ligado às atividades psíquicas superiores, produções intelectuais, científicas e artísticas, nem índice cultural mais seguro que o papel condutor atribuído às idéias na vida dos homens. Entre essas idéias, os sistemas religiosos ocupam o patamar mais elevado na escala dos valores.[25]

Se agora nos volvêssemos para a história da humanidade e nos perguntássemos: quais são os fatores que, ao longo de milhões de anos, transformaram os hominídeos em seres humanos? Que caminhos tomaram as pulsões humanas para chegar à civilização que hoje vivemos? As pulsões humanas, poderíamos verificar, segundo as observações citadas de Freud, seguem três direções: a da ciência, a da arte e a da religião. Ora, são precisamente esses três encaminhamentos que permitem a realização da sublimação. E é a sublimação que constrói a civilização.

Arte

Freud se referiu muitas vezes à arte e aos artistas. Retomando um pensamento de Leonardo da Vinci, diz que as artes se distinguem por uma dupla atividade: umas são *per pore* e outras são *per levare*. As que resultam do *per pore* (= pôr) são, por exemplo, a pintura, a decoração, a arquitetura, a literatura; as que dependem do *per levare* (= tirar), são a escultura, a música. Freud diz que a psicanálise é uma arte e que ela pertence à segunda categoria, pois seu trabalho consiste em *levare* o que o significante encobre.

Na arte, a pulsão se transforma no belo e o belo é inseparável do bom, e o belo e o bom são para todo o sempre. Tomemos como exemplo o quadro Mona Lisa, de Leonardo da Vinci, que está no Museu do Louvre. Três séculos se passaram e, no entanto, multidões de pessoas passam e repassam diante dessa pintura pequena, enigmática, interrogadora, simplesmente magnífica! Não há quem não a admire e, por essa admiração, não fique, no instante de sua contemplação, tomado de sentimentos engrandecedores. Aqueles olhos misteriosos, quase diria cínicos ou gozadores, a nos perscrutar, aquele semi-sorriso penetrante, aquela harmonia de uma feminilidade integral e instigante... É o puro belo! E quantos artistas nela se inspiraram para produzir suas próprias obras. Toda obra de arte é por sua vez uma fonte contínua de sublimação. Se a Mona Lisa representou para Da Vinci o auge da sublimação de sua pulsão, pois é sua obra-prima, ele soube nos legar esse tesouro, para que gerações e gerações, se for possível preservá-la até o fim dos tempos, possam haurir nela forças, apelos para o mais belo sentido da vida: sublimar nossas pulsões, para que produzam obras que elevem a humanidade e ajudem a civilização a avançar.

Outra obra artística esplêndida é o *Moisés* de Michelangelo, na igreja de San Pietro in Vincoli, em Roma. Freud desenvolveu uma verdadeira paixão por essa obra. Em 25 de setembro de 1912, escrevia a sua esposa: *Visito todos os dias o* Moisés *de San Pietro in Vincoli.*[26] Ele foi sete vezes a Roma e *Moisés* nunca deixou de ser sua escultura preferida. Em 1914, escreveu um ensaio sobre ela, no qual analisa detalhes que escapam ao observador ligeiro: *É que nenhuma escultura produziu em mim efeito tão intenso.*[27] Esse ensaio publicado na *Imago*, Freud não o assinou: *Passou muito tempo antes de legitimar esse filho não analítico*, disse ele mais tarde. De todo modo, *Moisés*, como a *Pietá* ou a Capela Sistina, é a obra que testemunha ao vivo e perenemente grandes feitos de uma pulsão transformada, sublimada. Insisto no fato de que a obra de arte é sublimação não só para o artista que, graças à execução dela se transcende e se supera; também para todas as outras pessoas, ela é continuamente meio transformador de pulsões, pois todas essas pessoas têm o privilégio de participar do enlevo provocado

Moisés. Michel-Ange Buonarroti, Terni: Editore Stampatore: Fotorapidacolor, 1970, p. 9. 58.

pela obra de arte e podem nela se inspirar. O segredo da obra de arte está em que ela nos olha (Lacan) quando imaginamos que somos nós que a olhamos. Assim, a majestade da estátua de Moisés sentado, em pose de legislador, com toda aquela plasticidade "viva", leva-nos a um êxtase que nos coloca fora do tempo presente: vivemos por instantes o momento de ira e indignação diante do povo a adorar o bezerro de ouro, sentimos que as tábuas estão a lhe escorregar pelo braço direito, enquanto a mão se perde na barba espessa. A altura dessa escultura reforça ainda mais nossa pequenez diante da majestade desse homem possuído de Deus, com raios refulgindo de sua cabeça. A postura pronta para se levantar, com a perna esquerda já em movimento, indica que ele vai se levantar para reprimir os atos idolátricos do povo traidor: as contrações dos músculos da face, dos braços, das pernas, a precisão anatômica das artérias, o olhar fulminante. Um esplendor de beleza que nos arrebata! É preciso um toque de realidade para nos dar conta de que estamos diante de uma estátua.

Outro exemplo contundente vamos encontrar nas mensagens pictóricas do pintor norueguês Edvard Munch. Classicamente, encontramos em Bosch, Goya e mesmo em Van Gogh o testemunho da devastação subjetiva da loucura. Mas, em Munch, vamos nos deparar com o modelo mais significativo para psicanalistas. Toda sua obra antecipa o sofrimento do século em que vivemos e nos coloca diante de um tema central e estrutural para a subjetividade humana: a angústia, o "desasossego" diria Fernando Pessoa, a angústia de viver, de dar conta da vida. Temas constante, da obra de Munch: o amor, o sexo, a morte. Ele plastifica em tintas carregadas e variegadas nossas experiências emocionais, convoca-nos ao contato com nossos sentimentos mais íntimos, aqueles dos quais tendemos a fugir, a recalcar, a adiar o mais possível.

Entre suas numerosas pinturas, destacamos *O grito* (no original, *Skrik*):

Uma tarde eu perambulava seguindo um caminho – de um lado encontrava-se a cidade e debaixo de mim um fiorde. Eu estava fatigado, doente. Parei para olhar em direção ao fiorde – o sol se deitava – as nuvens estavam tingidas de vermelho como de sangue. Senti passar um grito da natureza, pareceu-me que podia ouvir o grito. Pintei esse quadro – pintei as nuvens

INSTINTO, PULSÃO, SUBLIMAÇÃO

como de verdadeiro sangue. As cores gritavam. Tornou-se o quadro "O grito para a frisa da vida".

"O grito": *Geschrei / Ich fühle das grosse Geschrei / durch die Natur*: "Grito / eu senti o grande grito / através da Natureza".[28]

Uma mulher! Nada mais adequado para exprimir os três temas estruturais de sua obra: o amor, o sexo, a morte. A mulher, a mulher da qual todos procedemos, a mulher a quem devemos a vida, a mulher, "mais da metade da humanidade e a mulher graças a qual a outra metade existe", mas sobretudo a mulher como símbolo das maiores injustiças dos humanos, a mulher discriminada, vítima de hediondos preconceitos, a mulher objeto, a mulher a serviço do homem, a mulher alienada no direito de seu corpo, a mulher marginalizada nos elementares direitos de se vestir, de votar, de usufruir de direitos paritários de ir e vir, a mulher vítima de moralismos religiosos revoltantes que fizeram dela uma parideira obrigatória, a mulher vista com base em vis preconceitos para ser submetida ao poder do macho, a mulher definida por Aristóteles como ser inferior até ao escravo, pois sem possibilidade de liberação, a mulher de Santo Tomás confirmada como ser inferior, pois o escravo alforriado poderia ser ordenado e a mulher jamais, a mulher a quem por séculos foi negado o acesso aos sacramentos por exercer seu direito de não conceber, a mulher abafada em sua inteligência e criatividade, obrigada a encaminhar sua força para a neurose histérica e finalmente resgatada por Freud, a mulher escravizada, explorada como mão-de-obra não-reconhecida, reputada em menor salário por ser mulher, a mulher decantada como virgem ideal para melhor ser dominada, a mulher prostituta estigmatizada como mal necessário de todos os tempos e de toda sociedade, a mulher humilhada em códigos de direito com a classificação de honrada ou desonrada, a mulher explorada por seu corpo vendido na propaganda como objeto de desejo ou a mulher comercializada pelo turismo sexual... É a mulher tão sofrida e símbolo de tamanhas injustiças que é evocada por Munch para despertar nossa consciência. O Grito: a boca grandemente aberta, o grito ribombando na natureza. O rosto apavorado, os olhos esbugalhados, os ouvidos tampados, o grito ecoa de quebrada em quebrada. Ela está em pânico, cansada de pensar em sua dor, tapa os ouvidos para não ouvir mais uma vez sua própria dor, a dor de todas as mulheres de todos os tempos. O

O Grito, Munch. Thomas M. Mwsser. New York: Ars Mundi, 1991, p. 73.

corpo trêmulo desmilingüe-se, não podendo mais se sustentar. Os homens, de costas para ela e seu grito, continuam sua caminhada pela ponte, como tantos homens ao longo da história humana, indiferentes à mulher, à sua dor. Ironia do artista: a ponte é feita para unir terras, populações, seres humanos, mas essa ponte não une nem liga, os homens "nada" ouvem, "nada" percebem. É o grito de mulher! Seu grito se dirige para a natureza, atrás dela, a cidade, o campanário, a baía, os barcos... As ondas sonoras do grito tonitruante se espalham em ondas violetas que envolvem a cidade, o fiorde e se entrechocam com as nuvens cor de sangue. A angústia dessa mulher é angústia de todas as mulheres de todos os tempos.

Nesses três exemplos, tentei resumir, por meio de *per pore* e *per levare*, como a sublimação é um privilégio da pulsão, como só ela pode construir mensagens para os seres humanos de todo tempo e para sempre.

Gostaria agora de sublinhar um dos meios mais fantásticos de sublimação da pulsão: a música. Curiosamente, Freud jamais a assinalou como uma saída de sublimação. Chegou mesmo a confessar sua pouca ou nenhuma sensibilidade para com essa arte. Ao falar das horas de contemplação diante do *Moisés* de Michelangelo, confessa: *Quando não posso fazer isso — como me ocorre com a música, por exemplo — sou quase incapaz de obter gozo algum.*[28]

É também interessante notar que duas definições filosóficas clássicas sobre o belo tampouco levam em conta a música: "esplendor da forma sobre as partes da matéria" (*splendor formae super partes materiae*, Aristóteles) e "algo que à vista agrada" (*aliquid qui visui placet*, Santo Agostinho). Essas definições não consideram que haja um "belo" e, portanto, um "bom" que seja próprio ao ouvido. Ambas privilegiam apenas a visão. Poderíamos argumentar que "a afirmação de uma coisa não é negação de outra" (*affirmatio unius non est negatio alterius*), mas a verdade é que a ênfase sobre a "vista" tem suas conseqüências.

A música, nem sempre valorizada pela ideologia neoliberal, é sem dúvida uma via excelente para a sublimação. A música também atravessa gerações e enleva ouvintes de todos os tempos. A música, clássica ou não clássica, é um patrimônio inestimável da humanidade. Também ela realiza, a seu modo, a obra ingente da civilização, elevando o espírito ao gozo do belo, do harmônico e do bom. Desenvolver a sensibilidade para a música é inserir-se numa poderosa e antiqüíssima tradição de sublimação da pulsão. E o Brasil é um país muito rico e privilegiado nessa arte, com uma criatividade simplesmente admirável, da música clássica à música de raiz, ao samba, à música popular, do chorinho às nossas imortais canções.

E, por falar em música, não podemos deixar de assinalar a arte universal da dança. A dança é a expressão mais explícita da riqueza dos recursos do corpo humano. O ritmo, a ginga, os gestos expressam as virtualidades espetaculares do corpo humano. As ginásticas olímpicas de solo, barra, cavalo, o balé tradicional ou no gelo são expressão do domínio do espírito e do corpo. A propriedade, a beleza e o encanto que deles dimanam são fruto de sublimação.

Enfim, podemos dizer que todas as modalidades de esporte propiciam a sublimação da pulsão. No Brasil, importa destacar o futebol, presente em todos os espaços da vida nacional. Trata-se, sem dúvida, de uma saída sublimatória para todas as camadas de nossa população.

Não podemos deixar a arte sem mencionar o tesouro inestimável da literatura. Ela é o testemunho, para todo o sempre, de como os homens souberam conduzir sua existência e fazê-la frutífera para a obra da civilização. Prosa e verso se alternam num processo único: elevar o espírito humano para a grande tarefa da construção ininterrupta da sublimação da pulsão. A literatura nos oferece os contornos das terras, dos mares, da maneira como cada povo construiu sua civilização, cantando seus heróis, suas façanhas. Na literatura, vamos encontrar a "documentação" de como nações ou povos viveram, como construíram a família, a sociedade, as cidades, como exploraram os seus campos e enfrentaram os problemas humanos e naturais. Apenas alguns exemplos: o *Código de Hammurabi*, a *Bíblia*, os escritos cuneiformes, a *Odisséia*, todos os escritos da alta cultura grega – Platão, Aristóteles – a *Eneida*, a *Arte de amar* e os discursos de Cícero, a *Divina comédia*, o *Decameron, Dom Quixote, Os Lusíadas*, o *Paraíso perdido, Os inconfidentes* de Cecília Meirelles... e nunca é tarde para reconhecer que nossa literatura portuguesa é de uma riqueza inestimável, tanto do ponto de vista da forma quanto do conteúdo. Ela é simplesmente magnífica.

Freud tinha a literatura em tal alta conta como expressão do psiquismo humano que chegou a dizer que a psicanálise nada dizia de novo que os poetas não tivessem descoberto.

INSTINTO, PULSÃO, SUBLIMAÇÃO

O teatro, por sua vez, através de seus três recursos — a comédia, o drama e a tragédia — conseguiu ao longo da civilização humana representar de maneira viva os mais diversos estados anímicos, os conflitos, os fracassos, as derrotas, as angústias, as alegrias, as conquistas e as vitórias dos mortais.

A literatura é um campo extremamente fértil para a sublimação da pulsão, pois ela se concretiza no real por meio da letra. A letra retira da fantasia a dispersão inútil da energia e transforma a pulsão no real da escrita, da literatura. Escrever é sublimar, sublimar o mundo íntimo, transformar em obra as virtualidades da pulsão. Muitos escritores, como prova a vida sublimada e admirável de Fernando Pessoa, pautaram suas vidas por único lema disciplinar: *nulla dies sine linea* (nenhum dia sem uma linha). Toda inspiração provinda de uma moção inconsciente, Pessoa a transcrevia na hora, estando onde estivesse. Esse é, sem dúvida, um dos motivos que o tornaram um dos escritores mais profícuos da língua portuguesa.

Mencionemos, pós-modernamente, o rádio, a televisão, o cinema, o computador e tantos meios que podem favorecer a sublimação da pulsão. Mas é preciso fazer uma ressalva: esses meios atuais podem tornar-se um obstáculo para a sublimação, uma vez que prendem o sujeito na fixação do imaginário. A jornalista Bia Abramo, numa crítica à introdução de um programa de filosofia na televisão, assim se expressou:

> *O projeto está, de início, sob suspeita por uma razão de fundo: a televisão é, de certa forma, avessa ao pensamento. O fluxo de imagens sem hierarquia, a linguagem que estabelece sua sintaxe pela alternância de sensações, a ausência de silêncios; tudo isso conspira contra o pensar. O que, aliás, é justamente um dos grandes atrativos da televisão, ou seja, sua capacidade de amortecer o pensamento, fazer esquecer, alienar, é um dos principais motivos de sua enorme popularidade.[29]*

Defendo, porém, que o espectador avisado pode superar esses obstáculos e servir-se desses meios para a obra civilizatória. Uma coisa é certa:

---

[4] Leia-se sobre esse tema o excelente livro de Maria Rita Kehl e Eugênio Bucci, *Videologias: Ensaios sobre a televisão. São Paulo:* Boitempo, 2004.

informação não é conhecimento. É puro registro, passividade, narcisismo. Ora sublimação supõe metabolização do conhecimento, que por sua vez resulte em *opus*.[4]

Religião

Em segundo lugar, a clínica constata que a religião é uma das saídas da pulsão para a sublimação. A religião foi, para Freud, assim como foi para Lacan, uma contínua interrogação: sem dúvida, um conflito pessoal que ambos, à sua maneira, tentaram circundar, mas acabaram com a questão não resolvida, se é que ela pode ser resolvida.

Freud recebeu uma formação religiosa judaica, mas em época de severa discriminação dos judeus. Lacan teve uma profunda formação católica. Em contrapartida, Freud ficou dominado pela ideologia cientificista de sua época. Prova disso é que, no sonho de Irmã, ele se "encontra" com um colega que recrimina o fato de Freud se deixar levar por suas fantasias a respeito da psicanálise. Em *Futuro de uma ilusão*, em *O mal-estar na cultura* e, finalmente, em *Moisés e o monoteísmo, ele* tenta elaborar a contínua solicitação de seu inconsciente sobre a religião. Freud sempre se viu fechado em apenas uma epistemologia: a científica. Paradoxalmente, é fundador de uma delas. Lacan, por sua vez, acabou regido pela prática estrita da clínica do inconsciente como real do sujeito e, com isso, procurou se ater ao *dasein* de cada inconsciente, na materialidade da letra. *A psicanálise*, diz ele, *no que diz respeito à religião, está numa posição essencialmente desmistificadora e a interpretação analítica não pode de maneira alguma ser imiscuída em qualquer nível que seja com a interpretação religiosa desse mesmo campo da verdade*.[30]

Só que, ao longo de seu ensino, o "inconsciente católico" de Lacan retorna constantemente, como no seminário sobre a ética, em que vai de encontro ao apóstolo Paulo na epístola aos romanos ou na sua declaração em Roma de que a igreja católica é a única verdadeira; como no seminário sobre o ato analítico, em que compara o sofrimento do paciente ao de Jesus Cristo; bem como em inúmeras outras passagens de seus seminários. É preciso também não esquecer o apreço de Lacan por Tomás de Aquino – *Sinthomas* –, a quem se refere constantemente. Sobre a religião, declarou

Instinto, pulsão, sublimação

que combatê-la seria tarefa inútil e previu que ela viria com toda força nos próximos anos, exatamente como estamos constatando nesse início do século XXI. *Saibam que o sentido religioso vai fazer um boom de que vocês não têm idéia. Porque a religião é a morada original do sentido. É uma evidência que se impõe. Aos que são responsáveis na hierarquia mais que aos outros.*[31] De todo modo, Lacan reserva à religião uma das vias da sublimação da pulsão.

Como poderíamos entender a religião como um dos aviamentos da pulsão? Toda religião pode possibilitar à pulsão uma via de transformação na seguinte condição: a *experiência* de Deus não pode ser uma idealização nem uma ideologia e muito menos certo sentimentalismo. Para que haja sublimação em religião, é preciso que o ego não retenha a pulsão, o que é o caso do imaginário, da idealização ou da ideologia. A experiência de Deus é única. Inconfundível com qualquer outra. Essa experiência consiste num real absolutamente singular, real que exclui o imaginário, aqui absolutamente impotente e inútil. Essa experiência confirma, no plano da transmissão, uma vivência específica: a fé. Essa transmissão pode ser operada pelo pai. Contudo, a fé, é a mãe que a transmite. A fé inspira, sustenta e alimenta os atos sublimatórios da religião. Religião só leva à sublimação se ela não se degenerar em moralismos e fanatismos.

O moralismo é inibitório, rouba a liberdade de consciência do sujeito, produz o contrário da sublimação, que consiste na construção de algo sempre novo. O moralismo é paralisante, institui um superego que produz embaraço, divisão subjetiva, atravanca os atos construtivos. O moralismo impõe o secundário, o perfeitamente dispensável e abandona o essencial. O moralismo se preocupa em impor comportamentos, hábitos e costumes, que até puderam ser de uso em tempos passados, mas que nada têm a ver com as mudanças inevitáveis dos tempos e das épocas. Assim, preocupação com o pecado e não com a fé, com o pecado e não com a mensagem construtiva renovadora ou com coisas secundárias como o cabelo de mulheres, o cabelo e a barba de homens, com roupas, adornos, sobretudo das mulheres. Ora, isso é totalmente lateral a qualquer crença verdadeira. Essas imposições servem unicamente para fortificar e perpetuar o domínio de clérigos e pastores sobre seus fiéis. Quanto à sublimação, submeter-se a tais injunções a anula, não propicia atos transformantes, pois elas não favorecem senão identificações imaginárias, subserviência a rituais vazios. Esse aspecto da religião é empobrecedor e inibidor: os rituais, repetitivos, feitos por si mesmos, carecem da condição de transformar a pulsão em sublimação. Freud denunciou a vacuidade de tais atos em *Futuro de uma ilusão*. Trata-se de atos obsessivos. A neurose obsessiva é devastadora, elimina qualquer possibilidade de sublimação, pois retém o sujeito na dúvida, no impasse, em atos rituais infindáveis. Atado ao desejo do Outro, não consegue emitir atos próprios de seu desejo. A sublimação só é possível na liberdade do sujeito, isto é, essa liberdade não pode sofrer imposições e constrangimentos seja pelo moralismo, seja por imposição de hierarcas ou quiríarcas. Nesse caso, a sublimação fica irrealizável.

Religião não pode ser ideologia no sentido de Karl Marx e Friedrich Engles, isto é, a manutenção, a propaganda ou a pregação de uma consciência social falsa que se destina a mascarar os verdadeiros interesses objetivos de seus autores. Hierarcas e pastores podem lutar para manter seus privilégios com ditames que parecem provir do próprio Deus, mas que, na verdade, excluem o essencial e protegem o *status quo*. Sempre que os hierarcas ou clérigos se considerem e vivam como classe de privilegiados, abandonam sua missão, que é apenas de serviço para o outro. Colocam nos ombros dos outros fardo que eles mesmos não carregam, diz Mateus. É interessante notar que Jesus de Nazaré se toma de ira em dois momentos de sua vida: um diante dos vendilhões do templo e outro diante dos fariseus.

Tais quiríarcas estancam o avanço da fé, uma vez que se recusam a acompanhar e a ver os sinais dos tempos. O próprio Deus fica em segundo plano diante da ostentação desses funcionários do sagrado, que exploram a cultura narcísea da imagem, do espetáculo ou, pior, que usam Deus para ter mais visibilidade. Evidentemente, esse gozo elimina qualquer possibilidade de sublimação, pois não há transformação de pulsão, ela se satisfaz no próprio ato, porque busca interesses escusos, narcíseos e não civilizatórios. E isso é grave, pois a religião cessa de alimentar o processo sublimatório, já que este fica bloqueado em formalismos ou burocracias.

Sempre que uma religião vira ideologia, ela simplesmente elimina a possibilidade de sublimação que lhe deveria ser inerente. Ela passa a ser uma *Weltanschauung* única e todas as outras religiões ou idéias que não lhe sejam conformes são automática e irrefletidamente excluídas. A religião, nesse caso, produz uma coagulação do tempo, do espaço, das idéias, da vida.

Ela simplesmente vira puro fanatismo. E o fanatismo é o congelamento de qualquer crença. O fanatismo está ligado à paranóia, à idéia fixa, persecutória ou de grandeza. O imaginário impera como senhor absoluto e o sujeito se lhe submete como escravo incondicional. O fanatismo é desastroso para o sujeito e devastador para o outro. A gravidade do fanatismo consiste em que, por estrutura e princípio, exclui o outro pelo simples fato de ele ser diferente. A intolerância é da sua essência, pois ele é pura certeza, já não tem dúvidas. A sublimação fica simplesmente impossibilitada tanto para o fanático como para o outro, pois o sujeito está cego, prefixado numa idéia única: o próprio Deus fica excluído. Seus atos não são livres, não partem de uma escolha, são imperados por um mandado imaginário inescapável. E, nesse particular, não difere da mente do paranóico.

Há uma coisa impressionante quando uma pessoa se transforma numa fanática. Em seu imaginário cristalizado jamais caberia, por mínima que fosse, a idéia de que o Deus que ele supõe estar nele está também no outro que quer destruir. Nos conflitos árabe-israelenses, isso veio à luz do dia como um paradoxo inacreditável, sendo que o Deus dos árabes e o dos judeus é o mesmo, único. A religião vivida no imaginário é um desastre só: Deus não cabe nele. Sobre esse tema, o teólogo frei Leonardo Boff tece o seguinte comentário:

> Tarefa da teologia é se interrogar sobre Deus e sobre todas as coisas à luz de Deus, não apenas a partir dos textos bíblicos, das tradições herdadas e das doutrinas fixadas pelo magistério eclesiástico, pois eles não encapsulam Deus nem tolhem o âmbito da revelação. **O Deus vivo continua se autocomunicando na história** e, desse modo, é sempre maior, rompendo as barreiras das religiões, dos textos sagrados, das autoridades doutrinais e das cabeças das pessoas. Por isso, importa buscar Deus na criação como o entendemos hoje, como imenso processo de evolução ascendente, na história humana, na produção do próprio pensamento criativo. Deus é mistério fontal, por isso todos os saberes e todas as palavras são insuficientes.[32]

Todo ato imperado pelo fanatismo não se pode transformar em sublimação, pois esta supõe duas coisas específicas: a escolha livre e o aviamento da pulsão para um *opus*. O fanático, ao contrário, é guiado pela violência consigo e com outrem. Seu ato é destrutivo, porquanto toda violência gera violência; é ato imperado pela pulsão de morte *tout court*. Permanece longe da serenidade dos santos, que são *o refugo do gozo* (Lacan). Portanto, nesse caso, a religião, seja ela qual for, perde sua função de via de sublimação.

É interessante lembrar a análise que Lacan faz do ataque histérico e do transe místico. Deste, o sujeito sai totalmente em paz e implantado no real. Trata-se de um ato sublimatório. Santa Tereza, após transe místico, tranqüila, parte para o trabalho manual ou qualquer outro que naquela hora lhe compete. Após ataque histérico, porém, a histérica se transforma num verdadeiro bagaço: desorientada, com dores em todo o corpo, entrega-se a uma depressão desalentadora. Trata-se de um ato desprovido de qualquer sublimação, mesmo porque o agir suprime o simbolizar.

Igualmente, os mártires ou os santos. É impressionante a tranqüilidade com que se entregavam às feras ou a outros martírios. São Lourenço, diz sua história, convidou os algozes para virar seu corpo no braseiro, pois aquele lado já estava assado. Verdade ou não, o que é certo é que a religião sublimante é aquela que consegue transformar atos humanos em obras que promovem a humanidade, não fosse senão o testemunho (= mártir) de um heroísmo indefectível.

São Francisco de Assis, que Freud tanto admirava e propôs como modelo em *Mal-estar da cultura*, é um exemplo admirável e eterno de como a religião pode ser pura sublimação, transformando todo ato e toda convivência com os homens, os seres orgânicos e inorgânicos numa harmonia participativa na obra do criador. *Francisco de Assis é, quiçá, aquele que foi mais longe nessa via, via que conduz à utilização completa do amor aos fins do sentimento da felicidade interior.*[33]

Por outro lado, é preciso dizer que as objeções de Freud ao *tu amarás o teu próximo como a ti mesmo* não têm consistência. Freud entendeu que a religião do Filho sacrificado para salvação dos humanos é religião da graça,[34] mas não conseguiu compreender que o amor ao próximo proposto por Jesus vai além de qualquer retorno: "Pai, perdoai-os, porque não sabem o que fazem", disse Jesus do alto da cruz. A redenção para os cristãos é uma proposta inteiramente gratuita da parte de Deus Pai e absolutamente impossível por obra de homens. A grande mensagem do cristianismo consiste na gratuidade do amor ao outro, independentemente de o outro merecer (como objetava Freud) ou desmerecer esse amor ou mesmo de repeli-lo. A proposta de Jesus é radical: até os inimigos são objeto do amor cristão. O mérito desse amor consiste no gesto sublimatório de ser gratuito, plenamente desapegado de qualquer retorno. Freud simplesmente desconhecia o amor ágape.

Lacan adota esse ideal como via para um amor sem ciladas ou enganações, ao propô-lo na travessia do fantasma como fim da análise e guia para a prática da escuta analítica (Lacan, *Os quatro conceitos*, última aula). Essa forma de amar é radicalmente sublimatória, já que pospõe qualquer satisfação pessoal à realização do outro: *Seja incauto nisso e não errará*.[35] Em *Televisão,* diz a mesma coisa. quando propõe o modelo do santo que descaridadiza, "zomba do gozo" próprio, para que o outro seja. Semblante do objeto, para que o desejo do outro surja e jamais "objeto de consumo" ou, pior, de uso!

Em 13 de novembro de 1973, no seminário "Nome-do-Pai", Lacan dizia: *O que realiza, em termos próprios, o simbólico do imaginário é o que precisamente faz que a religião não esteja próxima a seu fim*.[36] Traduzir em ato ou em obra o simbólico do imaginário é a sublimação proposta pela religião. Mas isso consiste num processo vivo e contínuo, sempre renovado. Lacan é lúcido quando denuncia o "sentido" (único!) falsamente apresentado como proposta da religião. O sentido imposto, declarado único, dogmatizado, mata o significante, tira o *verbo da palavra,* como diria Heidegger, pois não propicia senão o eterno retorno do mesmo. Mas a liberdade do Espírito é de outra ordem. Ele "sopra onde quer", fazendo "tudo novo". Não repete ninguém nem se repete em ninguém. É por isso que o "sentido" vai na contra-corrente de sua manifestação histórica. O império do sentido é verdadeiramente a morte. Os hierarcas, aferrados ao poder que a religião lhes confere, têm horror ao novo, ao singular, à subjetivação propiciada pelo significante por isso estigmatizam profetas ou simplesmente os excomungam ou os matam. Mas, por mais que assim façam, o Espírito não cabe em definições de sentido. A religião, repitamos, infelizmente manietada por imposições dogmáticas ou moralistas, repetitivas, simplesmente estanca a possibilidade de ser veículo de sublimação para a pulsão humana.

Ciência

A ciência seria a terceira via para a sublimação. Terceira simplesmente por ordem didática da exposição, pois as três vias são todas igualmente sublimantes.

A ciência tem como fim o estudo, a descoberta dos fenômenos da natureza. Freud fala do domínio da natureza. Hoje, esse conceito mudou: já não falamos em domínio, mas, sim, em convivência com ela. A ciência hodierna procura todos os meios para alcançar uma harmonia com a natureza: a ecologia e a biodiversidade são estudos e descobertas que demonstram que a fase de "domínio" ou a fase predatória da natureza não podem continuar. O efeito estufa tornou-se destrutivo para o clima, a fauna e a flora. O aquecimento do planeta, de suas águas, pouco a pouco, produz um desastre de dimensão global. Marcelo Gleiser afirma:

> *Parto da premissa de que toda forma de poluição é nociva ao planeta, à flora, à fauna, à vida em geral, independentemente de agravar ou não o efeito estufa. As emissões de poluentes na atmosfera, nos oceanos, rios, lagos e solos, têm de ser diminuídas. O que não podemos é esperar de braços cruzados, tratando o planeta como se fosse uma lata de lixo sem fundo.*[37]

A ciência, hoje, tendo em vista a velocidade dos conhecimentos, adquire dimensões éticas de conseqüências graves para a humanidade. As crianças, os jovens (e mesmo os adultos) precisam ser despertados para uma consciência aguda de respeito à natureza. Sem ela, a vida na Terra vai ficando inviável. É preciso aprender a sublimar a pulsão solta que levaria a depredá-la, conspurcá-la. E a natureza sempre acaba dando o troco: desrespeitada, ela se revolta e se deteriora; respeitada, ela nos proporciona uma convivência acolhedora, oferecendo seus frutos. Os rios e os mares já não podem ser depósitos de imundícies. É preciso educar os impulsos destruidores e transformá-los em sublimação. Um amigo meu pediu a seu empregado que fizesse uma cata rigorosa de garrafas, sandálias e sacos plásticos que uma enchente enorme espalhara por seu sítio. Dias depois, pediu conta da tarefa e o empregado respondeu:

INSTINTO, PULSÃO, SUBLIMAÇÃO

– Joguei no rio os três sacos que recolhi.

– Como?

– Ah, o rio estava todo sujo, sobretudo nos galhos das margens, de garrafas e sacos plásticos, então, achei que um pouco mais não teria importância.

Não, é impossível continuar com mentalidade tão absurda![5] Pais e educadores precisam urgentemente redimensionar a pedagogia no sentido de salvar o planeta Terra. Nossos filhos têm de ter a consciência de que não podem jogar um tubo de pasta vazio ou uma garrafa de plástico no lixo orgânico. A Terra é patrimônio de *todos*. Ninguém é seu dono. Somos apenas usuários passageiros dela. Seu uso tem de ser pautado pela mais estrita solidariedade humana.

O cientista, guiado pelo cientificismo ou simplesmente pelos princípios da ciência, já não pode viver alienado de sua subjetividade. O ato da descoberta em si é, sem dúvida, um ato sublimatório, pois contribui para o avanço da civilização ou da cultura. E para o cientista que conseguiu tal realização? Também para ele tal evento pode ser um ato sublimatório, desde que esse ato não o feche num narcisismo autocomplacente.

Certa vez, numa conferência sobre leitura e sublimação, um ouvinte me questionou: "Como leitura pode ser sublimação se certos professores, supostamente de muita leitura, se inflam em seus saberes como donos da verdade?" A resposta é simples: um ato que pode ser sublimatório não o será se ele se destina ao próprio gozo. O gozo é improdutivo. Amarra o sujeito nele mesmo, no próprio narcisismo. Não produz obra. O professor que, qual sapo, enche-se de seu saber por pura vaidade ou narcisismo doentio ignora que esse saber explodirá na próxima descoberta da ciência, pois

---

[5] Carlos R. Brandão, na obra citada, pensando com Marcuse, assim resume os caminhos neoliberais da ciência: *Marcuse apenas acrescenta aqui o fato de ser a ciência, hoje, o fator mais poderoso nesse duplo sistema de dominação arbitrária, injusta e desnecessária. É ela, a ciência, quem multiplica o poder humano de sujeitar a natureza ao arbítrio da produção de bens. É ela quem serve à reiteração das estruturas sociais da dominação entre os homens. É ela quem, na sociedade capitalista avançada, transforma-se em um dos fundamentos essenciais da própria ideologia da sujeição de pessoas aos aparatos da produção e de toda a natureza aos interesses instrumentais desse aparato* (Aprender o amor: Sobre um afeto que se aprende a viver. Campinas: Papirus, 2005, p. 206).

certamente será suplantado. *O conhecimento científico pode ser descrito como um grupo de asserções com graus variáveis de certeza, algumas bem incertas, outras menos, mas nenhuma absolutamente correta*, afirma Richard Feyman, citado por Marcelo Gleiser, que acrescenta: *É muito importante manter isso em mente quando se analisa a opinião de alguns cientistas seja sobre partículas elementares, buracos negros, esquizofrenia, teoria da evolução ou aquecimento global. Em geral, infelizmente, isso não ocorre. Se o cientista afirma algo é verdade absoluta.*[38] Sobre o saber universitário, Aurélio Souza faz ainda a seguinte observação: *Além disso, como um saber organizado ele passa a desempenhar uma condição conservadora e capaz de fazer obstáculo até mesmo à produção de novos significantes, chegando a submeter e conduzir aquele que o produz – o mestre.*[39] O saber universitário é, não raro, fastidiosamente repetitivo. E aí pode mais emburrecer do que abrir horizontes. Há professores que são mestres em repetição e outros especializados em avanços. Aqueles atravancam e estes fazem caminhar a cultura.

Donde se conclui que o narcisismo não transformado em *opus* indubitavelmente é um obstáculo para os atos sublimatórios. A sublimação supõe a transformação da pulsão em obra. É a obra que testemunha a sublimação. Todo ato que permanece no gozo do sujeito é satisfação dele, mas não é sublimação. O cientista consciente de sua posição no contexto relativo dos saberes e dos conhecimentos, preocupado unicamente com o estabelecimento da verdade, exclui a competição com seus pares e vive a consciência duma dimensão ética universal; só pode se ver envolvido num compromisso único: um sujeito a serviço da comunidade. Dedicar-se à pesquisa é um ato sublimatório contínuo, pois o fim a ser almejado é sempre uma obra, uma descoberta, a re-velação de uma verdade que pode resultar num avanço da civilização ou da cultura. A pulsão do verdadeiro cientista, constantemente transformada em novos saberes e conhecimentos, é sem dúvida sublimação.

A ciência, concluamos, é uma das vias da sublimação da pulsão, mas o cientista pode também ficar alienado na ideologia cientificista. Há, então, duas conseqüências: primeira, ele pode não integrar em si suas descobertas como um avanço subjetivo, uma vez que suas pesquisas não são realizadas como ações suas, mas puramente como experimentos objetivos e, segunda, o cientificismo, ou mesmo o puro fisicalismo, pode impedi-lo de se abrir a outras epistemes. Nesse caso, ele não difere dos fanáticos religiosos. A ciência para o pesquisador deixa então de ser um ato sublimatório, mas sua descoberta possivelmente não, uma vez que ela pode vir a ser um avanço para a civilização.

O fato de o cientista ter de continuamente, ser rigoroso com os princípios da pesquisa, da busca da verdade em seus experimentos, pode criar nele um superego no qual se encastela e que O torna alienado da dimensão de sua subjetividade. É falso e ilusório pensar que a subjetividade do pesquisador possa estar fora da objetividade de suas pesquisas. Não fosse senão na escolha do objeto ou do objetivo que elegeu para estudar.

Toda pesquisa é busca de uma verdade. Ora, só o ideal de ego pode sustentar tal intento. É a força desse ideal que sustenta e que transforma a pesquisa em sublimação. O verdadeiro cientista tem uma consciência profunda e perene do compromisso civilizatório. Quando um cientista se vende, quando sua obra visa puramente a vaidade ou o lucro, quando suas descobertas se destinam à destruição do outro ou da civilização (fabricação de bombas, armas químicas, instrumentos de tortura) ele simplesmente traiu seu compromisso, já está fora do pacto civilizatório. Trata-se de um indivíduo cuja atividade científica é covarde, pois abandona a via criativa da construção da humanidade. Simplesmente uma traição da civilização, da grande caminhada dos seres humanos.

Não posso terminar este capítulo sem fazer duas observações. A primeira diz respeito ao trabalho.

Em *Mal-estar da cultura*, Freud faz em nota a seguinte observação sobre o valor do trabalho na economia da libido:

> *Nenhuma outra técnica de conduta vital liga o indivíduo mais solidamente à realidade ou pelo menos a essa fração da realidade que constitui a sociedade e à qual uma disposição para mostrar a importância do trabalho nos incorpora totalmente. A possibilidade de transferir componentes narcíseos, agressivos ou eróticos da libido ao trabalho profissional e as relações sociais que ela implica, dá a ele um valor que não cede em nada àquele que lhe confere o fato de ser indispensável ao indivíduo para manter e justificar sua existência no seio da sociedade. Se ele for livremente escolhido, todo métier torna fonte de alegrias particulares porquanto permite de tirar proveito, sob suas formas sublimadas de tendências afetivas e de energias pulsionais evoluídas ou reforçadas já pelo fator constitucional.*[40]

Mas Freud não deixa de fazer uma constatação real:

E apesar de tudo, o trabalho não goza senão de uma fraca consideração desde que se ofereça como meio de chegar à felicidade.[41]

O trabalho sem dúvida é um "bem do homem". O trabalho produz a obra. A obra é o imaginário simbolizado e transformado em real. É o contrário da frustração produzida pela idealização. Esta jamais se transforma em *opus*. A pulsão que a alimenta vai simplesmente pelo ralo. O trabalho, ao contrário, ao produzir o *opus*, traz realização, concretização da pulsão e isso produz satisfação, paz de espírito, fruto da energia bem empregada.[6]

Mas, em nossos dias, o trabalho está cada vez mais raro. A jornalista francesa Viviane Forrester, já em 1966, em seu livro contundente, *O horror econômico*, denunciava de maneira pungente os efeitos do neoliberalismo na economia de mercado e a conseqüência sinistra de um mundo dividido entre uns poucos incluídos e a massa imensa dos excluídos.

Em que sonho somos mantidos, entretidos com crises, ao fim das quais sairíamos do pesadelo? Quando tomaremos consciência de que não há crise, nem crises, mas mutação? Não mutação de uma sociedade, mas mutação de uma civilização? Participamos de uma nova era, sem conseguir observá-la. Sem admitir e nem sequer perceber que a era anterior desapareceu.[42]

A globalização da economia favoreceu as multi e as transnacionais, incentivou os grandes conglomerados; praticamente eliminou a agricultura familiar em favor do grande agronegócio, robotizou a indústria, informa-

---

[6] O teólogo Leonardo Boff refere-se ao trabalho nestes termos: *Pelo trabalho moldamos a nós mesmos, já que ninguém nasce pronto, mas deve completar a obra que a criação e o Criador começaram. Pelo trabalho plasmamos o mundo, transformando-o em paisagem humana, em cultura, garantindo nosso sustento. Pelo trabalho criamos um mundo que jamais emergiria sozinho pelas forças da evolução, por mais complexas e criativas que estas sejam. Sem o trabalho humano jamais teria sido escrito o Livro Sagrado, jamais teríamos inventado um carro, um avião e um foguete que nos levou à Lua. O trabalho criou todos os valores no mundo. E foi feito no silêncio daquele que pensou. No silêncio das mãos que executaram o que se pensou (São José, a personificação do pai.* Campinas: Verus, 2005, p. 78).

tizou o comércio, a prestação de serviços e se automatizou em quase todos os setores. O homem passou a ser uma peça de mercado.

Uma segunda observação. Na mesma época, Abraham Moles, sociólogo, professor da Universidade Louis Pasteur, de Estrasburgo, já preconizava paradoxalmente a "sociedade do lazer". Quanto mais robotização, quanto mais automatização, quanto mais grandes produções agrícolas ou industriais, menos trabalho, mais tempo para o lazer. Os homens, as mulheres e as crianças, excedentes ou não desse processo, têm energias que precisam absolutamente ser aviadas. O lazer, o esporte, já que o trabalho é escasso ou inexiste, podem dar andamento sublimatório à pulsão, pois, decididamente, parada ela não fica e, pelo bem inestimável da cultura, nem pode ficar.

Arte, ciência e religião são, portanto, os sendeiros da sublimação da pulsão. E por quê? Porque esses três aviamentos da pulsão a mantêm viva, frutífera e renovadora. O *opus* da civilização, da cultura, não pode parar. O novo é incessantemente recriado por esses três andamentos da pulsão. O novo encontra sempre duplo óbice: de um lado, toda força conservadora, seja a do cientificismo, seja a da arte em sua moda ou, sobretudo, a da religião em seu tradicionalismo e apego ao poder hierárquico, seja a ideologia político-econômica dominante todas oferecem obstáculos a propostas de renovação. Bachelard dizia a mesma coisa a propósito de toda nova episteme. O obstáculo à aceitação ou implantação de um novo saber sempre surge forte. Vejamos, por exemplo, a igreja católica diante de Copérnico e Galileu. Jurandir Freire explicita claramente essa reação defensiva: *Podemos dizer que todo novo é, a princípio, perigoso. Não porque revista as aparências de atentados à integridade físico-moral do sujeito, mas porque desequilibra a economia narcísea penosamente fabricada ao longo da vida.* E, em conseqüência disso, suscita resistências. *Por essa razão*, continua Jurandir, *tendemos todos a criar identidades fixas, conservadoras, repetitivas, que chamamos em nossa terminologia de identidades narcíseas.*[43]

Daí que o maior inimigo do homem é a estagnação no hábito. A repetição sintomática, revela-nos a psicanálise, é a volta do recalcado não resolvido. A repetição sistemática visa driblar a verdade (dolorida!) que subjaz ao sintoma. O hábito, diz Santo Agostinho, é a verdadeira fonte do pecado: *A inclinação do mundo para valorizar seus pecados deve-se menos à paixão do que ao hábito.* O triste do hábito é que ele tolhe o futuro criativo. Hanna Arendt afirma a mesma coisa: *O hábito é o eterno ontem e não tem futuro. Seu amanhã é idêntico ao hoje.*[44]

Portanto, toda identidade ao gozo fixo ou ao hábito tolhe o processo de sublimação, pois o desejo fica bloqueado, a criatividade segue comprometida, sem futuro, a ponto de apenas a repetição ter vez. A psicanálise demonstra que se pode quebrar esse círculo vicioso em que o sujeito se vê apenas em sua relação egóica. *Por isso*, cito ainda Jurandir, *dizemos que o termo ideal de um processo analítico é o momento da experiência da castração.*[45]

Édipo e castração são os dois eixos no entorno dos quais atua a psicanálise. São as duas colunas que sustentam a clínica psicanalítica. Ora, a castração é uma experiência fundante para o sujeito, é o momento em que ele consegue uma releitura de sua história, livrando-se de um "gozo podre", tiranizador do sintoma, e retomando-a segundo a ordem de seu desejo. Essa liberação permite que o sujeito se veja livre para assumir o processo de criatividade, de sublimação.

Concluindo, se a pulsão se destina à construção do ser humano, da humanidade e da civilização, e esse é um imperativo ético, em virtude da essência da pulsão, que não é instinto, defendo o princípio de que precisamos educar nossos filhos para os ideais, para os desafios, para os projetos do tempo de cada existência. Importa, impreterivelmente, estimular os meios para colimar esse objetivo. Desde o nascedouro, é preciso colocar como fundamental na e-ducação o resgate da sublimação da pulsão em todos os campos, em todos os saberes, em todas as atividades. Incessantemente, não podemos deixar de ter projetos, de aspirar a realizações. Pouco importa que não atinjamos o ideal de ego. O que importa é que, sem ele, jamais alcançaremos o ego ideal, aquele que nos permite superar os engodos do imaginário, os sintomas, as idealizações, as ideologias, aquele que nos ampara para nos abrir sem cessar para o novo, para captar os "sinais dos tempos", para criar soluções para os problemas e para a produtividade em ciência, arte e religião, enfim, para alcançarmos a felicidade possível.

---

[7] Inscrição no monumento da praça do Centro de Convivência, em Campinas (SP).

INSTINTO, PULSÃO, SUBLIMAÇÃO

Permito-me transcrever duas mensagens de homens que viveram para que suas vidas frutificassem na grande obra da civilização:

Apesar de todas as desgraças, há uma Pátria e é por esta Pátria que ainda estou lutando. A esta Pátria, se eu pudesse renascer hoje, iria dedicar todo o meu tempo novo em uma campanha de restauração da dignidade da vida do País. (Teotônio Vilela)[7]

Desde que, adulto, comecei a escrever romances, tem-me animado até hoje a idéia de que o menos que um escritor pode fazer, numa época de atrocidades e injustiças como a nossa, é acender a sua lâmpada, fazer luz sobre a realidade de seu mundo, evitando que sobre ele caia a escuridão, propícia aos ladrões, aos assassinos e aos tiranos. Sim, segurar a lâmpada, a despeito da náusea e do horror. Se não tivermos uma lâmpada elétrica, acendamos o nosso toco de vela ou, em último caso, risquemos fósforos repetidamente, como um sinal de que não desertamos nosso posto. (Érico Veríssimo)[46]

Presença e ausência

> *Si l'homme parle c'est parce que*
> *le langage l'a fait homme.*
> Lacan

> *Ce sont les parents qui, enfin de*
> *compte, autorisent ou non leur*
> *enfant à se séparer d'eux.*
> Maud Mannoni

> *Só tenho o que sou.*
> Clarice Lispector

A alternância entre presença e ausência, sobretudo da mãe, tem importância fundamental para a subjetividade da criança. O próprio fundamento da subjetividade depende do jogo desses dois fatores.

Em *Além do princípio do prazer*,[47] Freud se viu compelido a ultrapassar o princípio de homeostase (constância), articulado ao princípio de prazer e ao princípio de realidade. Lacan chega a dizer que *é exatamente para reencontrar o sentido de sua experiência que Freud escreve* Além do princípio do prazer.[48] Perguntava-se Freud: por que o sujeito repete o seu sintoma, se ele o faz sofrer? Que realização alucinatória de desejo há num sonho traumático ou de punição? Que se passa na transferência? Freud descobre que a resistência não vem, como acreditara, apenas do recalcado, mas também, e sobretudo, do ego. A transferência é vista por ele como uma compulsão à repetição. Freud postula que esse princípio opera além do princípio de prazer e do princípio de realidade.

Se considerarmos a compulsão à repetição quanto à finalidade, podemos distinguir nela dois aspectos:

1 – Como meio de *dominação* simbólica da situação, como veremos a seguir, no caso do neto de Freud. Trata-se de um papel ativo, que Freud denomina de fator de progresso humano. Trata-se de buscar uma harmonia

entre o princípio de prazer e princípio de realidade, de alcançar integrações cada vez mais amplas.

2 – Como *mecanismo*, quando funciona como regressão. Trata-se do automatismo de repetição. Aqui, vamos encontrar a função do ego, bastião de resistência na análise, pois é o ego que tenta um equilíbrio sempre precário, porque imaginário, entre segurança, prazer e estagnação. O ego teria como função principal tratar da energia secundária. Nesse ponto, estamos em pleno narcisismo. As terapias em geral e certas concepções de psicanálise causam problemas sérios ao paciente ao tomar o ego como sujeito.

Mas Freud foi mais além nesse artigo. Deu um passo importante em sua teoria da pulsão postulando a pulsão de morte, não como retorno ao inanimado, mas como mola das pulsões de vida: *O princípio de prazer parece estar diretamente a serviço das pulsões de morte.*[49] Lacan levará ao ápice esse postulado privilegiando a questão da falta como propulsora da simbolização e, por conseqüência, da subjetivação. Desse trabalho tão difícil e tão precioso, vou apenas retomar o aspecto da repetição como progresso, ou seja, como integração e subjetivação.

Freud estava de férias em Berlim na casa de seu filho, quando fez uma observação arguta sobre uma ação e uma fala de seu neto. A mãe se ausentara. Freud viu que o neto de um ano e seis meses se levantou no berço e, de repente, começou a brincar com um carretel atado a um barbante. A criança lançava o carretel atrás da cabeceira do berço, dizia "ô, ô, ô" e, em seguida, puxava-o. Ao rever o carretel, recebia-o com um "a, a, a". O menino se divertia com o domínio (prazer) do jogo. Havia certo gozo (fálico) e, ao mesmo tempo, certa tranqüilização nessa repetição. Freud, em mais uma de suas intuições geniais, perguntou à sua nora se não poderia entender o "ô, ô, ô" como *fort* (fora, lá) e "a, a, a" como *da* (cá, aqui). Ela confirmou, pois muitas vezes, nas saídas dela, o menino repetia essas vogais. E Freud concluiu:

> *A interpretação do jogo tornou-se, então, óbvia. Tramava-se com o grande ganho cultural da criança: sua renúncia pulsional (renúncia à satisfação pulsional) de admitir sem protestações a saída da mãe. Ressarcia-se, digamos, encenando por si mesma, com os objetos ao seu alcance, desse desaparecer e regressar.*[50]

PRESENÇA E AUSÊNCIA

Essa observação de Freud vai no sentido da repetição integrativa, pois resulta num progresso subjetivo. O jogo era tramado: *o grande logro cultural da criança*. Trata-se de um ser humano recém-chegando à cultura, isto é, à linguagem. A linguagem que precede todo sujeito que vem a este mundo, confere-lhe um poder inestimável, precisamente o poder de se integrar à cultura como sujeito.

Por isso, ao nascer, a criança virá marcada por aquilo que Freud denominou de "novela familiar". Com Maud Mannoni, prefiro a denominação de "mito familiar". Nada se pode entender de um sujeito se não mergulharmos em seu mito familiar. O mito familiar é algo que passa através das gerações. Ele compreende não só dados da própria história familiar como toda a maneira de conceber a vida, os hábitos, os costumes, as doenças, a saúde, os saberes – sobretudo os práticos –, as crenças, o nascimento e a morte. O mito é um saber real ou fantasmático, que preside a organização familiar e ao qual todo novo sujeito que surge na família estará automaticamente submetido. Nada podemos entender da história de um sujeito se não levarmos acuradamente em conta a maneira como o mito familiar o introduziu na cultura.

O mito vem sempre carregado de uma mensagem afetivamente significativa, significantes que se impõem e determinam a subjetividade do casal e do filho. O mito se transforma numa maneira ideológica de existir e só com esforços e recursos especiais (a psicanálise é, por excelência, um deles) se pode de alguma maneira revisar a rede de significantes que sustêm a trama.

Em toda família, vamos encontrar teorias (cada louco faz uma teoria para justificar sua loucura), estereótipos ou determinismos, que engessam o sujeito no imaginário, privando-o de ter acesso ao seu desejo. A análise visa quebrar a rigidez dessa trama coagulante e permitir que o sujeito tenha acesso a seu desejo.

Doenças familiares passam para várias gerações, porque determinados significantes são repetidos como lei: "Meu pai morreu disso, eu também vou morrer". E avanço mais. Cada vez mais, entramos no mistério do genoma e, hoje, temos uma certeza: o gene é codificado como também é codificador. No caso do homem, ente de linguagem, *fal'ente,* estou clinicamente convencido de que, à força de se repetirem determinados significantes ("hereditariedade verbal") ao longo de diversas gerações, também determinados genes[8] acabam captando a mensagem e, por sua vez, passam a emiti-la fisiológica e psiquicamente na nova geração. Há gestos, atitudes, doenças, tendências de identificação sexual baseadas em uma identificação enrustida, que reaparecem numa terceira geração, sem que esta tenha convivido com a primeira. Estou convencido de que se pode quebrar essa preordenação, muitas vezes desastrosa, mas, talvez, não na primeira geração que se disponha ao trabalho da psicanálise.

Voltemos ao *ganho cultural* do neto de Freud. Em que consistiu? Em sua *renúncia pulsional* (*Kulturversagung*, renúncia à satisfação pulsional para a "transladar" em cultura) *de admitir sem protestações a saída da mãe*. "Sem protestações" pode significar que a criança não precisou de uma reação neurótica, histérica, para "enfrentar" a frustração da partida da mãe? A seqüência conclui a análise de Freud: *Ressarcia-se (...) encenando por si mesma com objetos a seu alcance, desse desaparecer e regressar*. Que ressarcimento é esse? Evidentemente, não se trata de uma saída sintomática. O sintoma sempre é uma forma de compromisso entre o recalcado e seu retorno. A saída sintomática faz sofrer. Todavia, menos do que a aceitação do recalcado. O sintoma, embora seja sempre uma reação de saúde, na verdade, é uma solução precária, pois ao ser um compromisso, um "dar um jeito", o sofrimento diante do automatismo de repetição tende a aumentar.

Que se passa no caso em pauta? Trata-se de um "ressarcimento", estamos aqui na essência do ser humano ou, melhor, na essência da subjetividade. Como se realiza a subjetividade humana? Lacan explicita que

---

[8] Marcelo Leite, numa recensão sobre um célebre encontro na TV francesa (*"Les lettres françaises"*, 14 e 21 de fevereiro de 1968) entre o biólogo François Jacob, o lingüista Roman Jakobson, o antropólogo Claude Lévi-Strauss e o geneticista Philippe L'Héritier assim escreve: *Mais que uma analogia, o lingüista de origem russa, que conviveu com Wiener em Cambridge (EUA), dá um passo adiante e vislumbra relações mais profundas entre estruturas lingüísticas e biológicas. Mais exatamente, entre o que chama de hereditariedade verbal (transmissão de conteúdos culturais pela língua) e a hereditariedade propriamente dita (transmissão de características genéticas pelo DNA). O russo não disse, mas poderia ter dito: O DNA é a mãe de todas as línguas. Isto ele disse: É a mesma arquitetura, são os mesmos princípios de construção.* ("Viver, pensar, falar", *Folha de S. Paulo*, Caderno "Folha Ciência", 24/4/2005).

PRESENÇA E AUSÊNCIA

o que caracteriza fundamentalmente o ser humano é sua "falta-para-ser". *Fal'ente*, seu destino é inexorável: só na fala, na linguagem poderá ex-sistir como sujeito. Mas como se dá esse processo?

Na verdade, o ser humano é um ser prematuro e sempre inacabado. Prematuro porque desmielinizado e, como tal, sem a mínima chance de sobrevivência. Em seu desamparo total (*Hilflosigkeit*), a criança é, por si só, um ser absolutamente inviável. Embora nasça com um organismo perfeito, a dependência do outro para sua sobrevivência é simplesmente absoluta. Essa criatura que acabou de nascer chegou ao término de um organismo pronto para viver fora do útero. Como tal, não existe ainda. Winnicott diz explicitamente: *A criança não existe*. A criança não é sem a mãe. Como começa ela a existir? Exatamente a partir do momento em que os pais, essencialmente a mãe, dão um nome a ela. É o *nome* que designa aquele ser e o chama à ex-sistência, colocando-o como um *socius* destinado a viver na cultura. A criança então *tem* um nome. Ela tem um nome como um dia *terá* seu corpo. Que posse é essa? É uma posse simbólica. O sujeito sempre estará dividido dele mesmo e essa divisão (*Spaltung*) estará sempre presente na constituição de sua subjetividade. Vem daí o eterno sentimento de culpa, pois jamais estaremos suficientemente adequados a nós mesmos. A falta-para-ser é estrutural. Lutamos sem cessar por infindos ideais de ego, mas temos de nos contentar com o que é possível, com o ego ideal que alcançamos. Esse sentimento de inadequação, ou de ficarmos aquém do que tínhamos almejado, era o tormento ou a frustração dos poetas, dos artistas, que disso tinham um senso agudo. Diz a lenda que, desferindo uma martelada no joelho de seu esplendido *Moisés*, Michelangelo teria dito *Parla adesso*. O mesmo sentimento vamos encontrar nos poetas. Fernando Pessoa afirmava constantemente esse seu sentimento de "ficar aquém".

O real é simplesmente impossível, dele podemos apenas dizer meias verdades. Entre o simbólico e o real, há um abismo intransponível, que o imaginário corre para encobrir. Mas isso não é mais que imaginário. O fato de o homem sofrer as conseqüências de ser um *fal'ente* não é uma humilhação. Pelo contrário, a falta-para-ser lhe faculta a luta pela vida, o vigor de caminhar, de progredir, de conquistar, de realizar. Esse sentimento profundo do inacabado, da incompletude, é aguilhão de vida. *Spaltung*, sim, mas *Spaltung* benfazeja e salutar.

Ao receber um nome, à criança compete a missão de fazer jus a ele, isto é, torná-lo *seu*. Esse corpo e esse nome que gratuitamente recebeu, até a hora da morte, incumbe-lhe torná-los seus, isto é, seu destino é ser sujeito, sujeito humano. Mas o que faz com que uma criança alcance chegar ao seu nome, passe a ter subjetividade? Que faz que uma criança perceba que é alguém que não é a mãe, nem o pai, nem ninguém? É a *ausência* da mãe.

A ausência da mãe desperta na criança a falta dela. A falta da mãe gera a saudade da mãe, o desejo dela. Que faz a criança? Chora. A mãe acode ao choro e diz o nome dela. Que acontece nesse momento? Nesse instante, um triplo registro se realiza. A criança percebe que, graças ao choro, sintoma de sua angústia pela ausência ou perda da mãe, a mãe retorna. Então, algo se afirma na criança: a ausência da mãe produz a presença dela. Na medida em que a mãe atende pela presença, substitui a ausência e o choro é compensado. O choro passa a significar que presença e ausência podem ter outro registro que o registro da colagem com o corpo da mãe, da presença contínua impossível. Esse feito confere à criança um poder, significar o real. Primeiro, a criança percebe-se capaz de transformar a ausência em presença (real); segundo, em seu imaginário, imprime-se uma imagem que lhe traz uma satisfação narcísea do feito realizado pelo choro (imaginário); e, enfim, de alguma maneira, esses dois registros só são possíveis porque, inserida a criança no mundo da linguagem, o simbólico lhe provê para o "entendimento" do que se passa.

Aqui, cabe uma observação clínica: para que esse processo de subjetivação se efetue, basta que haja uma mãe, não necessariamente a biológica. Além da mãe adotiva, podemos imaginar uma babá ou mesmo uma enfermeira. Mas, com uma condição: que a "mãe" seja *constante* e sempre a *mesma*. Caso contrário, a criança não consegue se subjetivar e mergulha no hospitalismo, indo até o marasmo e a morte, como muito bem descreveram John Bowlby, R. Spitz e outros.

No caso do *fort! da!*, existe um momento fecundo: é o momento da emergência do sujeito. Como isso se dá? Na ausência da mãe, o neto de Freud não partiu para uma reação neurótica: angústia depressiva, choro inconsolável, automutilação, balanceio. O objeto intermediário do carretel lhe forneceu o instrumental de que precisava para elaborar a angústia da falta (perda) da mãe. Conforme o carretel desaparecia e reaparecia, criava

PRESENÇA E AUSÊNCIA

uma imagem no imaginário do menino, na qual ele encontra um substituto que lhe propicia um domínio sobre o real da ausência. De outro lado, ancorado no domínio da manipulação do objeto intermediário, saúda a sua volta como domínio da ausência da mãe. O carretel é objeto intermediário, porque é a própria metonímia de seu desejo da mãe. Mas nada disso seria possível se, antes, a criança não estivesse presa na rede da linguagem. *Fort! da!* eleva o movimento do carretel a uma segunda potência: a presença e ausência dele, que representa para seu imaginário a presença e ausência da mãe, só tem valor substitutivo (metáfora-metonímia) porque o simbólico o registra como tal. Mas, precisamente, em que momento o neto de Freud se torna sujeito do desejo da presença da mãe? Maud Mannoni, em *D'un impossible à l'autre*, explicita esse momento de maneira feliz: *É o limite da presença e da ausência que constitui o sujeito (...) O sujeito do fort! da! se torna de alguma maneira o lugar em que a presença e a ausência se recortam.*[51] O sujeito se constitui precisamente no intervalo entre a presença e a ausência. Entre o **S1** da presença e o **S2** da ausência, o sujeito se precipita. Esse sujeito entre dois significantes, mais tarde, no Seminário XVII, Lacan o designará como "Um-completamente-só", sujeito de "Um-dizer", que o representa. Daí, Mannoni tira uma conclusão importante, senão fundamental, para o trabalho de conduzir a criança ao domínio de sua subjetividade: *O nascimento do sujeito passa pelo desaparecimento do objeto, do qual guarda a imagem, desaparecimento redobrado pela conotação significante da ausência. O sujeito, poder-se-ia dizer é a ausência (de objetos).*[52] Essa observação implica três momentos estruturantes da subjetividade humana.

Primeiro, o sujeito só se constitui pelo desaparecimento do objeto. Se o objeto não desaparece, estamos em plena loucura. Na loucura, o objeto se impõe e o sujeito não pode se constituir, porque não consegue fazer o recuo dele. Ele e o objeto estão colados. Ele está *sem recurso contra o Outro absoluto.*[53] Na neurose, o sujeito também não consegue se constituir o bastante porque, ao tentar o recuo adequado do objeto, não alcança o corte suficiente dele, aquele que lhe permitiria elaborá-lo por meio da ausência. O sujeito entra em sofrimento e, diante do impasse, ajeita um "compromisso", "fabrica" um sintoma.

Segundo, graças à ausência do objeto, o sujeito pode se constituir, pois consegue reproduzi-lo num fantasma, que replica um semelhante desse objeto, uma garantia de cópia verossímil, que lhe confere a concretude do real. Simultaneamente, esse fantasma (esse "vulto", diria Fernando Pessoa), redobra-se num significante que o apreende, atribuindo-lhe nominação, conotação significante. Tanto esse fantasma como o significante que o denota são estritamente singulares, absolutamente próprios ao sujeito. Ora, é exatamente nisso que se constitui o sujeito: ele *é* quando fantasma e significante anulam o objeto, "matam-no". O sujeito é exílio, ausência do objeto. Por isso, *nada de fecundo acontece ao homem senão pela intermediação de uma perda de objeto.*[54]

Nesse sentido, é interessante notar que o jogo do *fort! da!* se reproduz na vida de toda criança, naquilo que os pedagogos chamam de "jogo dramático" das crianças. Esse jogo consiste nas cenas do "faz-de-conta" que permitem à criança assumir no simbólico a reprodução imaginária de personagens, animais e narrativas mitológicas da saga familiar ou do povo a que pertence. É por isso que as crianças são profundamente tocadas por desenhos animados e estórias como a do pica-pau amarelo. Esse jogo precioso se estende desde tenra idade até a latência, época por excelência da antecipação simbólica do adulto. A cabana, a barraca, o jogo da "família", a brincadeira de médico, toda essa apropriação simbólica leva a menina a concretizar sua identidade, tendo a mãe ou outra mulher achegada como modelo de identificação, e o menino a reproduzir as "insígnias" do pai. Fato é que o jogo do "faz-de-conta" permite a façanha da criança de assumir sua identidade na construção de sua subjetividade. Importa e muito propiciar a ela o direito de viver e vivenciar essa fase preciosa para a construção de existência própria, de apropriação de sua subjetividade.

Um corolário se impõe: ser pai, ser mãe e mesmo ser educador é se apagar diante do filho e do educando; é a arte de se tornar *inútil* na hora adequada. Esse momento em que o ser humano nasce para a subjetividade é um mistério, acontecimento absolutamente irrepresentável ou fenômeno inapreensível: *Isso quer dizer que há um ponto que não é apreensível no fenômeno, o ponto de surgimento da relação do sujeito ao simbólico.*[55] Momento sublime e sublimante, algo especificamente humano, é o próprio mistério humano.

Heidegger descreve esse surgimento do homem ao ser em seu belíssimo artigo *Die Sprache.* Ele começa dizendo que *o homem é homem enquanto é*

PRESENÇA E AUSÊNCIA

91

aquele que fala. (...) é a palavra que faz o homem, que o torna homem (...); a capacidade de falar assinala o ser humano marcando-o como ser humano.[56] Se o homem não emerge na palavra, há simplesmente um impasse. Os estados de comprometimento neurológico profundo nos revelam essa impossibilidade de maneira angustiante e contundente. Se o processo primário não ocorre, não há possibilidade de fala. Para que se consiga falar, é preciso que a fala se constitua no inconsciente, que a pulsão se represente, senão seu aparecimento (representante) se faz impossível. O *autismo* é uma forma pungente dessa realidade clínica: ao autista, não lhe resta outra saída senão propiciar-lhe formar o inconsciente, impondo som, imagem, representação. Só a linguagem faz o homem.

Heidegger afirma que *a palavra é a morada do ser.*[57] Então, temos uma situação paradoxal: para que o homem seja homem é preciso, primeiro, que a palavra o habite; sem isso, não há condição de inserir-se entre humanos, isto é, de fazer parte da cultura especificamente humana. De outro lado, é exatamente na medida em que ele habita a palavra que ele *é*, é ser humano. *Fal'ente*, seu destino é viver na representação, no exílio, na ausência da coisa, do objeto.

Disso, concluímos que é fundamental conversar com o nenê, esteja ele no útero ou tenha ele já nascido. Não importa se ele entende ou não, importa simplesmente falar-lhe, enviar-lhe contínuas mensagens, mensagens de amor, de afeto, de informação. Esse é o lote de ser pai, mas essencialmente mãe. O que se passa no nenê, no inconsciente dele, não é de nossa competência ou alcance; isso fica por conta de suas virtualidades humanas. Mas atenção: *Não há troca criadora, a não ser que a palavra seja escutada por ela mesma e na confidencialidade.*[58] Assim, uma mãe grávida de oito meses, professora de natação, durante uma aula, sentia que seu filho estava muito agitado, inquieto em seu útero, esperneando com certa violência. Pára a aula e diz: "Filho, acalme-se! Eu estou aqui porque preciso trabalhar. Não precisa se agitar, eu estou ligada em você, logo estarei só com você". Na mesma hora, o nenê se aquietou e ela pôde tranqüilamente dar sua aula.

Sempre que uma criança está agitada ou chora inconsolavelmente, ela está diante de um real que a faz sofrer e, sobretudo por ser criança, falta-lhe uma palavra (o simbólico), pela qual consiga apreender aquilo (real) de que está invadida. A palavra adequada da mãe, do pai ou de um substituto lhe faculta o domínio do real e a tranqüilidade de espírito retorna. Lembremos do que diz Maud Mannoni: *É o outro que dá à criança o sentimento de que ela possui um lugar.*[59] Outra conclusão: se "é a falta de objeto", unicamente, que permite à criança progredir em direção à subjetividade, isto é, deixar o estado de a-subjetividade da presença total, faz-se necessária e indispensável a colaboração dos pais. De que maneira? *Porém isso supõe do lado dos pais que a mãe ou o pai suportem não mais permanecer o tudo nas relações transferenciais com a criança, e que a deixem ir à descoberta da diferença.*[60] Ter filhos, educá-los, é um paradoxo sem fim, uma aventura criadora, um desafio pujante de vida, de renúncia, de conquistas. É preciso saber marcar presença ou ser *inútil*, dispensável, na hora certa.

A relação triangular

> Caminante son tus huellas
> El camino y nada más.
> Caminante, no hay camino, se hace
> Camino al andar.

> *Saber renunciar para que os filhos sejam.*

Muitos pais se perguntam se ser pai é ser amigo da criança. Costumo dizer que, como seres de palavra, temos de levar a sério as palavras. Uma coisa é a mensagem (a "ordem", o "verbo", diria Heidegger) que a palavra "pai" porta e outra a que "amigo" transmite. Os psicanalistas privilegiam as palavras, porque sabem que são elas que determinam ("sobredeterminam") o sujeito. Ser filho não é a mesma coisa que ser pai, mas é indicativo de uma relação única, selada por uma transmissão parental estruturalmente inconsciente. Ser pai e ser mãe é ser pai e ser mãe, como ser filho é ser filho. Outra é a relação de amizade, aquela que solda a relação entre pessoas que não são do mesmo parentesco. Isto posto, penso que a relação pai x filho ou mãe x filho é uma relação triangular. A relação entre amigos é circular. Essas relações não podem ser misturadas, pois teriam sérias conseqüências para o filho.

Na literatura psicanalítica, é muito comum essa denominação da relação de pais e filhos como uma relação triangular. Freud, Lacan, Winnicott, Dolto e, sobretudo, Maud Mannoni empregam essa denominação freqüentemente. Hoje, penso que há razões fortes para o emprego do triângulo na figuração dessa relação. Trata-se de uma metáfora feliz, a que melhor exprime a estrutura edípica em jogo no desenvolvimento humano. Iniciemos pela representação da sucessão familiar. Na verdade, vivemos muito pouco tempo neste mundo. Normalmente, trata-se de três gerações: os avós, os pais e os filhos. Propomos a seguinte figuração:

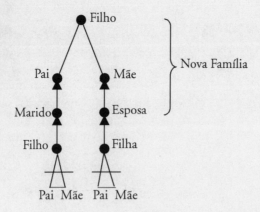

Duas famílias dão origem a uma terceira. As barras nos triângulos das famílias de origem, assim como as flechas que assinalam a emigração dos filhos para a fundação da terceira família, indicam os cortes, a perda de posição necessária para que a terceira família se constitua. Esse modelo é apenas um gráfico da constituição familiar em geral. Mas pode ser aplicado na clínica, levando em conta o real de cada família, isto é, ele pode e deve ser adaptado à singularidade de cada família. Exemplos:

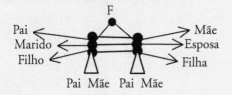

= Nesta figuração, podemos esperar que a formação da terceira família fique realmente comprometida, pois os pais da nova família não deixam a posição de filhos e tentam viver simultaneamente a filiação, o casamento e a parentalidade.

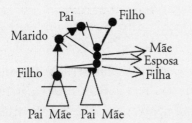

= Nesta estampa, a formação da terceira família fica em parte impedida pelo não-corte da esposa (e mãe) com a família de origem. Só o marido consegue se liberar.

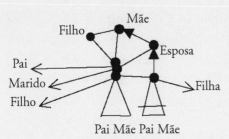
= Nesta representação, a formação da terceira família poderá ficar comprometida pelo não-corte do marido (e pai) com a família de origem. Só a esposa faz o corte.

= Neste modelo, trata-se de uma mãe forte, dominadora, cujo domínio vai repercutir até na educação do neto. Caminho aberto à neurose obsessiva, ou quiçá, à homossexualidade masculina.

= Aqui, o pai imprime uma onipresença penosa, que vai até a terceira geração. Possivelmente, abre-se a via de uma paranóia nos filhos (Schereber) ou, pelo menos, de um superego violento senão arrasador, ou talvez a condição da homossexualidade feminina.

E assim por diante.

Gostaria de observar que o que caracteriza os cinco últimos esquemas é que, não havendo "corte" com a família de origem, normalmente eles seriam indicativos de que a conjugalidade fica inviável, simplesmente impossibilitada. A conjugalidade para a psicanálise só é possível se for sustentada pelo desejo do outro cônjuge. Ora, nesses esquemas, não há ou há pouca possibilidade de que isso ocorra, pois se trata de casamentos sintomáticos. O mesmo se diga sobre a parentalidade, aquela que seria própria ao casal. Só a castração liberta. Só ela produz subjetividade.

Uma segunda observação, é que a noção de família em psicanálise está ligada à estrutura de funções simbólicas. Nem família biológica nem família sociológica ou etnológica. Mesmo que as formas de família mudem, como ocorreu com a família patriarcal na segunda metade do século XX, as funções de pai e de mãe (não necessariamente biológicos) vão continuar sempre. A função paterna (o nome-do-Pai) é absolutamente necessária para que a castração (simbólica) se opere. Como diz Dolto: *Toda substituição da função do pai pela mãe é patogênica, seja porque a mãe decrete o pai insuficiente, colocando-se em seu lugar, seja porque ele esteja ausente ou ela não se refira ao desejo dele.*[61] E para que a castração atue basta "um" pai que a mãe interponha na relação dela com a criança. O que é condição *sine qua non* é que a criança permaneça na posição terceira, jamais dual, pois não há possibilidade de subjetividade humana sadia sem ela. Do mesmo modo, por mais que variem os hábitos e costumes entre os homens e entre as mulheres, ambos estão irremediavelmente divididos pela operação de dois discursos que os separam: o que se escreve do lado do homem não se escreve do lado da mulher. Divisão benfazeja, porque sustenta as diferenças. É sempre a castração que opera a normalização.

Insisto, essas ilustrações podem e devem ser refeitas em função da subjetividade de cada paciente ou de cada casal. Só assim elas podem ser úteis: meras metáforas que tentam ilustrar a situação edípica da história familiar. Elas não têm outro valor que simplesmente ilustração. Não são prova de nada nem orientação de ninguém. Pretendem tão-somente situar o casal ou o sujeito na trama edípica. Com base nessa relação estrutural singularizada segundo o discurso do paciente ou dos pais, a transferência com o psicanalista se implanta e o trabalho analítico pode ser encetado. Aliás, dificilmente isso deixa de acontecer, já que os pais ou o paciente se sentem verdadeiramente escutados.

Vale aqui a observação de Lacan: *Seria melhor, pois, jogar esse esquema no lixo se ele deve, à feição de tantos outros, ajudar quem quer que seja a esquecer numa imagem intuitiva a análise que o suporta.*[62] A percepção não pode eclipsar a estrutura nem o simbólico se omitir na interdição da captura imaginária. A relação triangular entre pais e filho, a que estrutura a relação edípica, repito, é aquela que propicia um desenvolvimento subjetivo sadio e equilibrado para a criança.

Primeiramente, tendo em vista a prematuridade do ser humano, sua *Hilflosigkeit*, isto é, seu desamparo, sua dependência, sua incapacidade de se ajudar, há algo que fica claro: a criança de uma base firme e constante para se desenvolver. Homem ou mulher, ela necessita tanto de mãe quanto de pai. Quando ambos assumem a criança, ela se sente amparada, protegida e chamada a iniciar sua caminhada neste mundo. Figuremos essa relação:

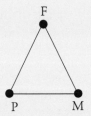

Esta relação, que supomos ideal, propicia à criança um desenvolvimento normal, isto é, a assunção de sua diferença sexual numa subjetividade cada vez mais integrativa do *Innemwelt* e do *Unwelt*. A triangulação precisa sempre ser preservada, mesmo na ausência e até na carência de um dos genitores, caso contrário, a normatização da criança ficaria comprometida. Figuremos:

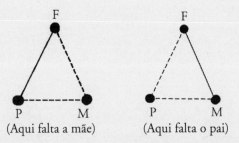

É claro que a presença física dos genitores é o ideal para a criança. Mas, faltando um deles (ângulos hachurados), importa que o genitor presente se refira constantemente ao ausente ou carente. Trata-se de funções simbólicas a do pai e a da mãe, às quais se achega pela palavra. Ambas inconfundíveis e insubstituíveis. Fica, pois, excluída a idéia de papel, que é um conceito alheio à psicanálise.

No início da vida, a criança depende mais da mãe do que do pai: a ligação placentária, o leite materno, os cuidados de higiene. Mas a presença do pai como terceiro na relação mãe x filho já é princípio de castração, de liberdade subjetiva da criança. À medida que a criança se desenvolve, temos já, no choro dos seis meses diante de estranhos, o momento de melienização do neuroeixo dorsal, o primeiro sinal inequívoco de que a criança "conhece" sua mãe e seu pai como pessoas de referência afetiva e constante. Quando a presença e a ausência de ambos se alternam, isso faculta à criança a simbolização da falta, princípio que fundamenta a passagem para um ser de desejo, isto é, um sujeito. Desde o início da vida, em que pese a presença mais contínua da mãe, é importante que se faculte e se garanta à criança, efetivamente, a posição terceira na relação parental. O fato de ser continuamente nomeada já a convoca para que ocupe este lugar terceiro. Uma relação ideal entre pais e filho seria uma relação triangular isósceles, em que a criança pudesse deles se afastar para fazer sua caminhada no mundo, retirando-se de ambos num distanciamento eqüidistante.

É claro que falamos de uma hipótese jamais possível de ser realizada, uma vez que o ser humano é sempre único e jamais redutível a uma fórmula ou a uma única representação. Mas isso não é de todo impensável e, mais que isso, é muito desejável. Uma criança, seja homem ou mulher, que possa usufruir da oportunidade de contar com tais pais, pais que constantemente se esforcem para preservar essa relação, certamente, tem mais probabilidade de se normalizar na assunção de sua diferença sexual e de sua subjetividade. Françoise Dolto confirma essa concepção quando diz:

> *Em suma, a situação particular de cada ser humano em sua relação triangular real e particular, por dolorosa que seja ou tenha sido, conforme ou não a uma norma social, é a única, se não for camuflada ou truncada nas palavras, que é formadora de uma pessoa sã em sua realidade psíquica, dinâmica, orientada para um futuro em aberto. Nessa situação triangular, o sujeito, seja qual for, constrói-se com base em sua existência inicial, no dia em que ele a concebe, sobre sua inexistência ou existência presentificadas na seqüência de sua pequena ou grande infância por seus verdadeiros genitores.*[63]

É interessante notar esta última designação: "verdadeiros genitores". Entendo "verdadeiros" como designação de pais que, "de verdade", fizeram a opção de serem pais e de arcarem com as conseqüências dessa escolha. Os filhos têm uma percepção aguda da verdade ou não verdade dessa opção.

Essa relação poderia ser figurada desta maneira:

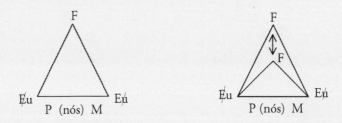

Há três indicações clínicas para propiciar um desenvolvimento harmonioso para a criança. Primeiro, é preciso que a função da base do triângulo seja garantida por ambos os genitores ou que eles exerçam essa função. Essa base é determinada pelos ideais que movem o casal a ter filhos e a educá-los. Essa base deverá ser *firme,* nem oscilante nem pensa. Ela deverá sustentar todos os atos de condução da criança por um discurso e por uma atitude comuns a ambos genitores, quanto mais comuns, melhor. Quanto mais imperar o *nós* sobre um dos eus de cada cônjuge, melhor será para a criança. Quando esta sente que pai e mãe têm uma mesma linguagem e decidem juntos, sente-se segura, tranqüiliza-se, aquieta-se em suas pulsões. A base é a Lei, por excelência. Importa que, quando o pai dê uma ordem, a mãe a confirme e vice-versa: "sua mãe e eu decidimos", "seu pai e eu achamos". Uma tal linguagem assegura paz à criança, ela sente que está amparada pela firmeza do pai e da mãe. Pais sem firmeza, frouxos, sem autoridade, colocam a criança na angústia e na incerteza de seus impulsos internos. Ela se torna hiperativa, inquieta, agitada, intranqüila, indisciplinada, não sabe o que fazer com os jorros de suas pulsões. Não consegue se disciplinar no horário de dormir, escovar os dentes, comer, tomar banho, ir para a escola. Torna-se agressiva, estúpida, violenta, quebra as coisas, dá pontapés em tudo e em todos. Numa palavra, torna-se uma criança envolta em sofrimento enorme, pois, desesperada, não sabe o que fazer com suas pulsões. Ela é, além disso, vítima de uma injustiça. Já que os pais a tiveram, ela tem o direito de que lhe garantam o aviamento de suas pulsões. A falta de pais é um desastre para o desenvolvimento psíquico da criança, sobretudo de pais fisicamente presentes! Não há como a criança se organizar psiquicamente num Édipo desordenado.

Um casal, depois de ouvir uma palestra minha sobre a relação triangular, resolveu me consultar sobre seu filho de quatro anos. Eis uns tópicos do discurso de ambos: Luiz[9] passou a brincar de luta na escola. No início só havia elogios. Mas de, meio ano para cá, tem sido uma luta. Amigos não o querem mais, só quer bater nos amigos. Isso começou a atrapalhar o rendimento dele na escola: "Conversamos com a professora". Inútil. "Proibimos de brincar de luta, cortamos filmes, brinquedos de luta". Melhorou muito pouco. Ele bate na babá, na mãe, na professora. "Sou o Homem-Aranha", diz, esmurrando o próprio rosto. Trabalhamos com ele. É muito desobediente. Não aceita autoridade nem dos pais nem do motorista da van. Para tudo diz não de imediato. Na natação, não obedece à professora, chuta-a. A professora o chama e ele vai para o outro lado da piscina. "Tivemos uma conversa séria com ele, que respondeu: Já sei nadar, não preciso de professor". Durante a semana fomos à farmácia. Luiz quis porque quis comprar uma escova de dentes. A mãe disse que a dele era nova e que não havia necessidade de comprar oura. O menino pegou a escova e queria abrir a embalagem para forçar a compra. A mãe não conseguiu levá-lo para fora da farmácia: "Vai para fora"; "Não vou"; "Você vai". Teve um chilique, jogou-se no chão na entrada da farmácia. A mãe relata que o agarrou a força e o colocou no carro. O casal sai de férias, esperando que as coisas mudem. Na volta, "ele parecia um bicho indomável". O pai bate nele; a mãe desaprova o pai na frente do menino. Põem-no de castigo. Inútil.

Os pais e eu analisamos longamente a relação edípica dessa criança. Pudemos representá-la, numa primeira constatação, assim:

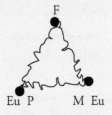

= Trata-se de uma relação triangular desordenada. Pai, mãe e filho em posição não definida. Pai e mãe agindo como "eu" (ordenação dividida) e não como "nós". Base do triângulo oscilante: o filho percebe que os pais não têm a mesma linguagem para conduzi-lo nas manifestações pulsionais. Ele "tira proveito" disso.

---

[9] Os nomes utilizados neste livro são fictícios.

Na primeira entrevista:

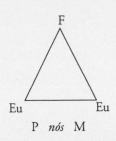

= Discutimos a possibilidade de reordenação edípica. Retificação das posições, que jamais, evidente, seriam retas como o desenho tende a mostrar, digamos, endireitadas.

Uma semana depois:
– "Não sabemos o que aconteceu. Ele melhorou em tudo. Parou de falar não. Está bem na escola, na natação. Parou de bater nos colegas".

Duas semanas depois:
– "Nenhuma birra. Está educado. Vai para a cama sem problema algum".

Verdadeiramente, essa criança era sintoma dos problemas dos pais e, num sofrimento grande, vendo-se infeliz, sentindo-se mal em tudo, "pedia" para ser ordenado em suas pulsões. Chegou até a pedir que batessem nele.

Os pais narraram que tudo mudou a partir do dia em que *ambos*, após uma aula de natação em que o filho se mostrou indisciplinado com o professor e agressivo com os colegas, tiveram com ele uma conversa severa, firme, dizendo que não seria mais possível continuar daquele jeito. Eles lhe disseram que dali para a frente, as coisas teriam de mudar, pois não era permitido desrespeitar os outros daquela maneira. Meses depois, a professora apresentou um desenho para os alunos em que havia quatro caixinhas. Embaixo de cada uma, estavam escritas as palavras desejo, alegria, tristeza e amor. Debaixo da caixinha "tristeza", Luiz pediu para escrever: "Fico triste quando me lembro do que fiz na piscina; não quero fazer mais". A partir daí, graças à intervenção firme, concertada, dos pais, sua vida tomou outro rumo.

Essa criança vivia com sua pulsão desordenada, porque a mãe discordava do pai quanto à maneira de conduzir a educação do filho. Ela, muito concessiva, inconscientemente desaprovava o marido e o filho bem percebia esse desencontro. Poderíamos representar essa relação da seguinte maneira: o triângulo inicial estava completamente desordenado, como representado anteriormente. Na análise, pudemos verificar, a causa da desordenação, que provinha da mãe:

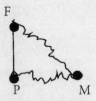

Com a análise, ela se transformou:

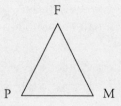

A partir dessa mudança interior da mãe, ambos, pai e mãe, estavam prontos para a intervenção "acertada" sobre a pulsão desorientada do filho.

Notemos que a Lei vem do pai. Todavia, *o caso que a mãe faz da palavra do pai* (Lacan) é que permite que a castração se opere. Aqui, claramente, a mãe não fazia valer a palavra do pai. Mas jamais se pode saber de antemão que palavra operará a castração. Só o *a posteriori* revela que a palavra operou, portanto, que houve um momento adequado em que ela foi dita, embora nem sempre possamos saber qual foi a palavra ou a mensagem. Por outro lado, quando a criança consegue abrir a base do triângulo, isto é, jogar um genitor contra o outro, ela se torna narcisista, oportunista e isso lhe dá uma insegurança cada vez maior em seus atos.

Os profissionais dão receita aos pais ao lhes recomendar que devem impor limites a seus filhos. Isso os pais já sabem e, além do mais, conselho é sempre de pouca valia ou de mau alvitre. Isso não resolve. Lembro-me de uma profissional a quem fora levado um menino de oito anos que furou a cabeça de uma coleguinha com a ponta do lápis. Pegando um lápis e uma folha de papel, a profissional disse para o menino: *Olhe, quando você tem*

A RELAÇÃO TRIANGULAR

vontade de cutucar sua coleguinha, pegue lápis e papel e risque o papel muitas vezes, com muita força, que a raiva vai passar. E deu o exemplo, riscando o papel em círculos, com tanta força, que acabou por furá-lo. Obviamente, o conselho foi inútil, o menino em nada mudou. Abordou-se superficialmente o sintoma e tentou-se substituí-lo por outro. E a causa? Toda terapia no imaginário leva ao pior.

O conselho tem o inconveniente de ter a dimensão da cabeça de quem o dá. Não se leva em conta o potencial que o outro tem para descobrir soluções ou saídas. O outro é simplesmente destituído ou subestimado. O conselho faz do outro um dependente. Gera insegurança. E, como as forças vivas da vida brotam inesperadamente, o aconselhado vai se fragilizando e se perpetua como eterno consulente. Seduzido pelos conselhos do outro, sequer desconfia de que pode encontrar dentro de si a solução para seus problemas.

Também não é incomum profissionais "tratarem" crianças ou adultos como ratinhos skinnerianos, isto é, com balas e outros estímulos orais. Os métodos de recompensa ou de troca são desastrosos para o ser humano. Essas abordagens lineares tentam dar conta dos sintomas e, pior, tratam-nos isoladamente do sujeito. A abordagem linear é de conseqüências graves para o ser humano, porque simplesmente o abole como sujeito. Assim, o método da troca, que denomino "método da prostituta", em vários aspectos é funesto para o ser humano. A prostituta, por injustiça social e por muitos motivos de exclusão, faz-se prostituta porque precisa sobreviver. Nada mais desumano! Ela se vê obrigada a servir a quem lhe paga. Assim age porque lhe foi roubada a dignidade do trabalho e não tem como sobreviver. Mas, quando os pais compram comportamento dos filhos, o que estão a lhes ensinar? Primeiro, a se prostituírem, isto é, a venderem seu comportamento; os filhos simplesmente são submetidos ao método descrito, mas desnecessária e injustamente. E eles reagem exatamente assim: "Se eu fizer o que vocês me pedem, o que vocês me dão?". Ou a mãe propõe: "Se você tirar boas notas eu lhe darei o celular". Segundo, ensina-lhes desde cedo a corromperem e a serem corruptos. Todo corruptor foi um dia corrompido de alguma maneira. Trata-se simplesmente da destruição da ordem subjetiva, social e da coisa pública. Terceiro, o que é absolutamente grave, é que essas abordagens lineares deixam intacto o problema que o sintoma sinaliza. O sujeito é tratado como se não tivesse *hysteria* (Lacan) e, pior, como se não devesse assumi-la. Esse "tratamento" foge ao inescapável: à castração. Sempre que o ser humano foge à Lei, abre mão de seu desejo. Age pelo gozo imediato da coisa, porém, ao preço do gozo sublimado que lhe viria do dever cumprido.

Tudo o que deve ser feito, deve ser feito porque a Lei da civilização (o Outro) assim o exige. É isso que faz avançar a civilização e não a troca, pois a troca não é mais que satisfação do narcisismo. Quando os pais intervêm, é fundamental que sua intervenção manifeste a Lei à qual também eles estão submetidos. Não têm sentido frases como: *eu não quero que você faça isso, eu quero que você estude, eu quero que você tome banho.* Não se trata de "vontade" ou arbítrio dos pais, trata-se de cumprir a ordem que a Lei impõe a todos: simplesmente "não se pode fazer isso", "não se pode ficar sem estudar", "não se pode ficar sem tomar banho". Estudar, tomar banho, dormir, respeitar os outros, andar na calçada e não na rua, parar no sinal vermelho são leis a que também os pais estão submetidos. O discurso dos pais só é e-ducativo quando fundamentado nessa ordem. Apenas nesse caso a ordenação da criança ocorre. Caso contrário, a criança é provocada para uma luta de prestígio, um bater de frente, e aí o impasse está armado.

Neste mundo de incluídos e no vasto mundo dos excluídos, vivemos outro paradoxo. Trata-se da questão do consumismo. Muitos pais dizem que, no quarto de seus filhos, não cabe mais brinquedo. Uns tanto, outros nada! Penso que podemos partir do princípio de que precisamos ensinar nossos filhos a usar das coisas, dos brinquedos. É preciso lhes ensinar a respeitá-los. Não lhes assiste, nem a eles nem a ninguém, o falso direito de destruir. Também me parece importante que aprendam a brincar e a guardar seus brinquedos. Isso os disciplina, pois assimilam o senso da ordem e do respeito que as coisas merecem. Se pensarmos no princípio da falta, é de bom alvitre que, cessando o prazer de brincar com determinado brinquedo, ele seja recolhido e guardado pela criança. Além de o brinquedo permanecer protegido e ordenado, ele poderá suscitar de novo o desejo dela. É proveitoso para a formação do caráter e da subjetividade da criança que brinquedos que não são usados, sobretudo os novos, sejam encaminhados a crianças que não os possuem. Isso desenvolve nos filhos o senso da partilha e os livra da desgraça do egoísmo e da avareza. Guardar o inútil, o dispensável, barra a abnegação (*Kulturversagung*), estiola a sublimação. O supérfluo é daninho ao espírito. Os pais que põem limites na aquisição de brinquedos beneficiam em muito a criança, ela aprende a esperar e a lidar com a frustração. Datas como Natal e aniversário podem ser escolhidas pelos pais para presentear as crianças. Compete a eles estabelecer as regras. Não podemos nunca esquecer que a formação do caráter dos filhos é um processo lento que sobretudo as pequenas coisas do dia-a-dia muito contribuem para a solidificar.

Por que o consumismo é desastroso para a formação dos filhos? Falamos em consumismo quando nos referimos à comida, às bebidas etc. Esse consumismo pode ser prejudicial às crianças, sobretudo se se trata de alimentos que apenas engordam ou mesmo de bebidas que pouco ou nada contribuem para a saúde. Todavia, o consumismo que hoje enfrentamos é mais pernicioso. Trata-se de comprar pelo próprio ato de comprar. Trata-se de um comprar que simplesmente "ignora" o já comprado. Estamos falando de um vício como qualquer outro. Ora, isso não é outra coisa que a verdadeira destruição ou destituição das coisas, um gozo desenfreado, imediatista, que põe na reserva o sujeito de desejo. São tantos os brinquedos que não há mais possibilidade de ter prazer de brincar com eles. São brinquedos sem conquista, brinquedos sem história, brinquedos sem memória. Eles não têm sentido, pois não são portadores de dimensão simbólica. Isso me faz lembrar de uma paciente adulta que me relatou o seguinte: em sua infância, os pais trabalhavam e ela, sozinha em casa, tinha sua boneca de pano que lhe fazia companhia e com quem conversava o tempo todo. Quando lhe ofereciam outra boneca, ela não aceitava, pois não podia abandonar "sua" amiga. Essa boneca foi guardada por muito tempo. Esse é o brincar que tem sentido: leva a criar sempre novas relações, novas "conversas". É sublimante, porque criativo.

Incentivar os filhos a inventar seus próprios brinquedos é muito mais importante para desenvolver a criatividade do que apertar o botão de um brinquedo de controle remoto que está pronto e brinca por si, à distância, ou *bonecas que choram sem emoção e falam sem inteligência*.[64] Brinquedos assim são repetitivos em suas evoluções, em nada contribuem para o desenvolvimento da habilidade manual e o domínio do corpo e, sobretudo, a maturação da subjetividade.

Os pais que favorecem esse consumismo, que equivale a um vício, caem num grave erro: pensam "comprar" o comportamento do filho, mas na verdade o mergulham num impulso insaciável. Esse tipo de consumismo leva a criança a uma verdadeira neurose obsessiva. Essa procura de saciação sem limite cria obstáculo à castração, concretiza-se no gozo imediato da compra, materializa a pulsão impedindo-a de se sublimar. É simplesmente inócua para a subjetivação e, portanto, para a obra da civilização.

Existe apenas um fator que garante a normalização da criança: a castração. Ora, a castração é função paterna, função do nome-do-pai. A Lei vem do pai e, como se disse anteriormente, depende da mãe que ela vigore. Quando os pais não abrem mão de sua autoridade parental, isto é, quando exercem seus atos educativos com firmeza, a criança cresce com segurança e tranqüila. Ela apresenta harmonia em seu desenvolvimento. Aprende a enfrentar os problemas e obstáculos que vão surgindo em seu crescimento.

Em segundo lugar, enfatizando, é preciso que o triângulo seja o mais isósceles possível, isto é, que a criança cresça tendo um mesmo distanciamento do pai e da mãe. Sempre que isso for alterado, haverá conseqüências na formação do caráter, da subjetividade da criança. Assim, pai ou mãe narcíseos podem arranhar a formação subjetiva da criança, seja porque o pai se ache melhor educador que a mãe ou que ela se pretenda melhor que o pai nessa função. Pior ainda quando um dos genitores seduz a criança ao menoscabo da função do outro. Narcisismo, sobretudo aqui, é pântano onde medram a imaturidade e a insegurança subjetivas e compromete o processo de identificação. O problema, porém, é que quem acaba pagando é sempre a criança. De outro lado, quando essa eqüidistância triangular é preservada, o respeito entre pais e filhos é um tesouro para a vida toda.

Cabe aqui uma observação. Costumo dizer que o filho mais velho é um filho "estragado". Exagero à parte, há certa verdade nessa metáfora, porquanto o primogênito é objeto da inexperiência de ser pai, de ser mãe. Além das três profissões "impossíveis" há muitas funções "impossíveis". Não se pode ensinar a ser mãe nem a ser pai. Isso só se aprende tendo um filho. Normalmente, o primeiro rebento vem cercado de excesso de ideal de ego ou de hipercuidados. E isso acaba pesando demais sobre a criança. Um segundo filho, fruto já da experiência, vem muito mais descontraído. No caso de três filhos, o do meio tem mais chance de não ser demasiada-

A RELAÇÃO TRIANGULAR

mente exigido. O mais novo, porém, corre o risco de ser seduzido a adiar seu crescimento. É muito importante verificar, na primeira entrevista, que posição ocupa a criança em relação aos pais e aos irmãos. Isso é facilmente figurável na relação triangular. Mas todo psicanalista sabe que essa é apenas uma observação clínica. É possível que nada disso aconteça. *Quidquid recipitur ad modum recipientis recipitur*, "tudo o que é recebido à maneira do recipiente é recebido". Recipiente? Só o significante.

Em terceiro lugar, no trabalho de educação de mais de um filho, é fundamental que os triângulos dos irmãos não se encavalem.[10] Cada filho foi objeto de desejo dos pais, deles recebeu um nome que o faz distinto do outro. É da máxima importância que os pais tratem os filhos segundo suas diferenças e jamais como iguais. É preciso oferecer as mesmas oportunidades para se desenvolverem, mas importa tratá-los sempre distintamente.

Cabe aqui uma atenção especial dos pais à *invidia fraterna* (inveja fraterna), já descrita por Santo Agostinho como estrutural na relação fraterna. Eliminá-la o quanto possível é tarefa indicada nos triângulos separados. A inveja propicia uma identificação imaginária destrutiva: elimina o outro, pois o outro é puro rival e leva a criança a se ignorar como sujeito, destituindo-a de seu lugar próprio. Em vez de procurar identificação em si, em seu desejo, projeta-se na identificação com outrem. A *invidia fraterna* é, pois, inerente à própria estrutura fraterna a partir de um segundo filho ou mesmo de outra criança que apareça no relacionamento. Os pais, sobretudo a mãe, precisam ajudar o filho mais velho a ficar no seu lugar e não permitir que ele volte a repetir atos de nenê como, por exemplo, mamar de novo nos seios da mãe. A criança mais velha tem de ouvir com firmeza dos pais que os cuidados que o nenê está tendo, ela já os teve. Quando os pais não têm atitude ambígua, a castração alivia imediatamente a criança.

Muitas vezes relacionadas à *invidia fraterna*, as brigas entre irmãos são assaz freqüentes. Sempre pude observar que a briga entre irmãos é benéfica para eles. É sadia. Ela permite a aquisição do esquema corporal próprio e a percepção de que não existe o direito de invadir o corpo do outro. Além disso, pude observar que brigas entre irmãos sempre têm um

---

[10] Isso vem figurado na oposição da flecha entre os ápices dos triângulos que indicam a posição dos filhos, cf. p. 99

destino preciso: visam os pais. Se os pais tomam partido de um dos filhos, o outro não deixará por menos e logo este provocará o outro para que, por sua vez, ele seja repreendido ou castigado pelos pais. Observei também que raras vezes essa briga resulta em coisa séria ou grave. Caim existiu. Sempre poderá voltar. Mas, numa família em que haja respeito entre os membros, essa briga não tem alento. Basta que os pais a "ignorem" e a deixem por conta dos "contendores". Ela perde a finalidade, cessa por si.

O desequilíbrio na relação triangular produz efeitos diversos na identificação sexual ou é origem de patologias graves, como é nítido no caso do presidente Schereber. Assim, Freud e Lacan sempre acentuaram que a homossexualidade masculina decorre da onipresença da mãe, criando uma dependência açambarcante do filho.

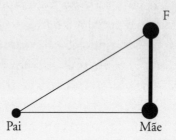

A figura do pai, nesse caso, é ausente, fragilizada, ou é menosprezada ou continuamente posposta pela mãe. Nesse caso, a mãe se impõe maciçamente ao filho, *também* como modelo de identificação sexual. Ora, isso tem conseqüências severas. Esse enquadramento explicaria, entre outros sintomas, a origem da identificação homossexual. E é também daí que decorre a ambivalência estrutural da sexualidade do homossexual. A criança, portadora de uma diferença anatômica já detectada desde o útero pela ultra-sonografia, que revelou um corpo de homem, em sua pulsão se castrou segundo aspectos da posição sexual da mãe.

Fernando Pessoa, tendo perdido o pai muito cedo, viveu uma intensa e profunda relação de ternura com a mãe, e, em 1915, com 27 anos, assim descreve o que lhe veio a acontecer:

Não encontro dificuldade em definir-me: sou um temperamento feminino com uma inteligência masculina. A minha sensibilidade e os movimentos que dela procedem, e é nisso que consistem o temperamento e a sua expressão, são de mulher. As minhas faculdades de relação – a inteligência, e a vontade, que é a inteligência do impulso – são de homem.

Quanto à sensibilidade, quando digo que sempre gostei de ser amado, e nunca de amar, tenho dito tudo. Magoava-me sempre o ser obrigado, por um dever de vulgar reciprocidade – uma lealdade do espírito – a corresponder. Agradava-me a passividade. De atividade, só me aprazia o bastante para estimular, para não deixar esquecer-me, a atividade em amar daquele que me amava.

Reconheço sem ilusão a natureza do fenômeno. É uma inversão sexual frustre. Pára no espírito. Sempre, porém, nos momentos de meditação sobre mim, me inquietou, não tive nunca a certeza, nem a tenho ainda, de que essa disposição do temperamento não pudesse um dia descer-me ao corpo. Não digo que praticasse então a sexualidade correspondente a esse impulso; mas bastava o desejo para me humilhar. Somos vários desta espécie, pela história abaixo – pela história artística sobretudo. Shakespeare e Rousseau são dos exemplos, ou exemplares, mais ilustres. E o meu receio da descida ao corpo dessa inversão do espírito – radica-mo a contemplação de como nesses dois desceu – completamente no primeiro, e em pederastia; incertamente no segundo, num vago masoquismo.[65]

Com a homossexual, como veremos a seguir, dá-se o contrário: a mãe é anulada de todos os modos e o pai se impõe como modelo de identificação sexual.

No caso do presidente Schereber, vamos encontrar um triângulo maciçamente concentrado na relação pai-filho:

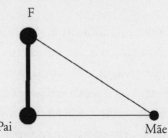

A mãe de Schereber era uma criatura frágil, submissa a um marido onipotente e sabe-tudo. O filho ficou à mercê do pai, homem autoritário, caga-regras, de idéias fixas sobre educação. A omissão da mãe fê-lo objeto intenso do desejo do pai. O pai se tornou para ele um superego rígido, indiscreto, cobrador e perseguidor onipresente. A paranóia explode em Schereber justamente no momento em que, de alguma maneira, iria assumir o lugar de "pai": presidente de um tribunal de alçada. A paranóia foi a única "saída" que ele encontrou para conciliar a onipotência, a onisciência do pai em seu superego arrasador e a insuportabilidade de assumir a presidência do tribunal. Passou a viver no real o que não conseguia absorver no simbólico.

Essa mesma posição triangular nos daria subsídio teórico para figurar a homossexualidade feminina. Coloquemos no lugar do filho, a filha. Nesse caso, ocorre algo semelhante ao processo da homossexualidade masculina. Só que aqui o pai se impõe de tal maneira à filha que ela se vê constrangida, seduzida mesmo a se identificar com significantes próprios a sua posição sexual. Seus desejos inevitavelmente levarão a marca da ambivalência. Esse é o caso do pai que, tendo já uma filha, espera ardentemente que a segunda gravidez da esposa lhe traga o filho de seus sonhos. Tendo nascido uma menina, faz dela "seu" homem, sempre tendo-a a seu lado nos passeios ou nos negócios, incentivando-a a usar trajes masculinos, a freqüentar reuniões de homens e a praticar esportes em que a força seja privilegiada. Ao mesmo tempo, ela presencia o desprezo do pai pela figura da mãe, que ele descreve como fraca, incapaz de acompanhá-lo, tímida, com medo de tudo, principalmente de tomar iniciativas. Essa menina, no momento da castração, não teve outra saída a não ser se identificar com os significantes da posição sexual do pai como escolha de objeto. Tornou-se uma homoerótica. E o homoerótico, como dizia uma paciente minha, "tem uma dificuldade maior de ser feliz".

Posso citar outro caso, de uma jovem senhora, aparentemente com traços homoeróticos acentuados, vítima também das seduções de seu pai, mas que foi respeitada em traços estruturalmente femininos. Graças à análise, conseguiu retomar as seduções de que foi objeto. Essa mulher se transformou em uma mulher refinadamente feminina. Passou a admirar seu corpo de mulher, a vestir-se com gosto e a maquiar-se com prazer. Desco-

A RELAÇÃO TRIANGULAR

111

briu uma beleza que mantinha embaçada por passar grande parte da vida sujeita aos desejos do pai. No entanto, em sua sexualidade, permaneceram traços homossexuais.

Concluo que a presença exagerada de mãe, bem como a de pai, na vida da criança funciona menos como ideal de identificação que como sedução. E a sedução não deixa jamais de fazer seus estragos. Assim, na origem de toda obsessão, com certeza, encontraremos uma mãe continuamente ansiosa por levar a criança a realizar os desejos dela, mãe. Ao retorno de seus objetos, a criança invariavelmente hesita entre seu desejo e os da mãe. Não lhe resta outra coisa senão um adiar sem fim. Entrementes, o deslizamento de um objeto a outro oferece-lhe um escudo atrás do qual esconde a indecisão infinda de sua subjetivação, pois o seu desejo sempre fica para depois. Sofrimento atroz esse transtorno obsessivo-compulsivo.

Por outro lado, pais, sobretudo mães, que abandonam seus filhos ou mesmo que os tratam à distância, como crianças "soltas no mundo", geram neles sentimentos de abandono. Carentes, senão privados, tornam-se depressivos e "grudam-se" no primeiro que lhes mostra a mínima atenção. Crescerão inseguros, revoltados, violentos. Melhor seria que tais pais, que não conseguem se doar a ser pais, não existissem.

A criança que tem a oportunidade saudável e salutar de ter pais que se respeitem em suas diferenças de leis, hábitos, costumes, roupas, cada qual em sua função, menina ou menino, crescerá serenamente, vivendo por sua vez sua diferença sexual, para também tranqüilamente a ratificar na passagem édipo-castração.

Expusemos modelos clínicos de relação triangular. Todavia, como nenhum sujeito é repetição do outro, em cada caso, podemos construir o modelo que metaforicamente se aproxime da história de cada um, o que muito pode nos ajudar, não só a nós, psicanalistas, como também aos pais, para situar a estrutura de cada relação edípica. Tendo em vista que todo ser humano, em matéria de identificação, é devedor (senão dependente) das relações com os pais, muito podemos ajudar os pais que escutamos se, na análise, puderem descobrir que os filhos são sintomas deles. Todos os pais bem intencionados (não os perversos) se sensibilizarão por uma relação triangular não-sadia, geradora de distúrbios na criança. A única relação sadia do ponto de vista psíquico é aquela em que os pais não abrem mão de sustentar a base do triângulo, como não abrem mão de manter a criança na posição eqüiapical. É essa relação que coloca a relação edípica em constante equacionamento. Ou seja, a relação pais x filho, em virtude da lei do incesto, deverá sempre ser uma relação terciária.

Ora, o processo de subjetivação da criança depende diretamente da maneira como ela se situa nessa relação. Há um paradoxo nesse princípio. Fala-se de *Hilflosigkeit*, desamparo absoluto, portanto, dependência total dos pais e, ao mesmo tempo, é preciso que a criança vá se tornando independente deles e se desenvolva como sujeito. Mas esse paradoxo não é senão a própria condição do ser humano, é nele e só nele que se pode alcançar o *status*, a dignidade de sujeito. Então, fica a questão: como ter filhos, precisar educá-los e, ao mesmo tempo, deixar espaço para que a diferença deles lhes possa facultar a subjetividade?

Essas são as *dramatis personae* por excelência, de que fala Fernando Pessoa: é o drama, quando não a tragédia, de todo ser humano que vem a este mundo. A normatização ou as patologias do sujeito são fruto desse constante estar presente e desse se afastar, mesmo que os pais estejam mortos. Na verdade, o substituto direto dos pais, sobretudo do pai, como representante da lei, é o superego. O superego tem muitas faces: pode ser indiscreto, duro, violento, obsessivo, obsceno e, essencialmente, cobrador, perseguidor ou culpabilizador. Mas essas várias faces podem tomar as mais diversas formas, até mesmo a de guia saudável para o sujeito. Se a relação pai x filho, até os cinco anos, for equilibrada, isto é, se cada qual respeitar sua posição específica, com certeza, a estrutura superegóica da criança, que é o substituto do Édipo, será garantia de um desenvolvimento tranqüilo para sua subjetividade. O superego será sempre uma instância inevitável e onipresente, mas não necessariamente inibidora ou destrutiva. Em sujeitos cujo superego é referencial ordenador, tranqüilo, da Lei, ele pode ser um guia valioso, sempre pode coadjuvar o sujeito no balizamento de seus atos, na liberdade interior de seu agir.

Pais excessivamente presentes, sobretudo a mãe, podem criar filhos obsessivos, esquizofrênicos ou autistas. Pais demasiadamente ausentes deixam os filhos ao bel-prazer de incursões pulsionais. Esses filhos correm perigo. São candidatos aos vícios da juventude como excesso de sexo, álcool ou droga e têm futuro comprometido. A pulsão solta é sempre perigosa, a

A RELAÇÃO TRIANGULAR 113

maior inimiga do sujeito ou da civilização. O grande problema da pulsão solta é que ela elimina o sujeito de desejo e o torna escravo do gozo. E o gozo leva às últimas conseqüências. Entre elas, a mais grave é que o ser humano deixa de ser um ser humano. Há os que dizem que ele pode se tornar um animal. Nada disso. O animal é bem regrado pelo instinto. O problema do ser humano é bem diferente: ele simplesmente se torna um monstro. Após o Holocausto, Nagasaki e Hiroshima, nada mais evidente.

O dito de Freud é a própria expressão da verdade sobre o ser humano: *A civilização é o fruto da repressão*. Na pós-modernidade, vivemos sob a égide de um imperativo sadiano feroz. O mundo passou a ser regido quase exclusivamente pela economia de mercado. O neoliberalismo, sinônimo de pós-modernidade, não conhece limites. Todo e qualquer limite é ultrapassado, numa prática fria e insensível do princípio maquiavélico de que "o fim justifica os meios". A corrupção generalizada, os *lobbies*, os cartéis, o utilitarismo (J. Bentham), e a amoralidade colocam o marquês de Sade na ordem do dia. O outro não conta. O outro é mero meio, não fim. Ele está a serviço do gozo da livre-empresa. O imperativo sadiano encontra a mais atual aplicação: "goze". Goze a qualquer preço. No plano individual, esse princípio vem sob a cobertura de "eu mereço". Nas relações humanas, ele se aplica de maneira selvagem: na empresa, na rotatividade de funcionários (são nada mais que "objetos" de uso, "peças" na "máquina"); nas relações sexuais, em que o outro, não raro, não passa de puro meio de descarrego; nas relações sociais, em que o outro é simplesmente funcionário a meu serviço. O marquês de Sade previu essa "sociedade": *Tenho o direito de gozar de teu corpo, pode dizer-me qualquer um, e exercerei esse direito, sem que nenhum limite me detenha no capricho das extorsões que me dê gosto de nele saciar*[66] ou *nunca se deve calcular as coisas senão com base na relação que têm para com nossos interesses.*[67]

Concluindo, a civilização atual acumulou suficientes dados sobre o que constrói ou destrói a obra da subjetivação e a da civilização. Hoje, sabemos com absoluta certeza: a pulsão solta, desenfreada, a serviço do vício, da violência, da guerra, da eliminação do outro, do diferente, simplesmente inviabiliza o ser ser humano. De verdade, só a repressão (*Kulturversagung*) detém a possibilidade de "atar" a pulsão, de colocá-la a serviço da grande construção da obra da civilização.

Eis porque penso que o ato de ser pai e mãe não pode ser obra de um improviso. Trata-se de assumir hoje, diante da história e na história, a continuidade da humanidade, a sustentação do avanço da justiça, da partilha, do respeito, enfim, da cultura. Todo ser humano que vem a este mundo precisa ter consciência de uma ética intrínseca à condição humana: ele aqui está para ser um construtor de civilização.

Maud Mannoni: A criança, sintoma dos pais

Somos os pais de nossas ações, mas também somos filhos de nossos atos.
Aristóteles

Je peux toujours choisir, mais je dois être conscient
que si je ne choisis pas je choisirai quand même.
Jean Paul Sartre

Maud Mannoni destaca-se no movimento psicanalítico lacaniano em múltiplos aspectos, mas, principalmente, por seu estilo inconfundível: a crença, a persistência em buscar no mito familiar a origem, a causa dos problemas psíquicos dos sujeitos humanos, sobretudo das crianças. Lacan sempre a teve em conta de alta estima e, mesmo, admiração, embora isso não lhe fosse habitual. Sucessivas vezes, não lhe poupa elogios nos longos anos de seus seminários.[11]

Poderíamos dizer que Maud Mannoni se caracteriza por um duplo movimento intelectual, com conseqüências diretas para sua prática clínica. Primeiro, pauta-se por uma independência notável diante de Lacan e demais psicanalistas de sua época. Opino que talvez fosse exatamente essa atitude (abstenção) que tocava Lacan. Sabia se servir da enorme contribuição dele, mas não se pautava pela "cola" ou pela lisonja. Isso lhe facultou um estilo próprio, rico, admirável, de uma inspiração profundamente feminina na concepção e prática de uma clínica lúcida e eficaz. Maud Mannoni tem a paciência do inconsciente: sabe esperar, sabe que só a palavra certa na hora exata será eficiente. Segundo, em conseqüência desse primeiro fator, foi de uma abertura total, embora fundamentalmente crítica, a todos os psicanalistas que se destacavam em sua época: Lang, Winnicott (seu amigo

---

[11] Ver, entre outros: "Alocução sobre as psicoses da criança", em *Outros escritos*. Rio de Janeiro: Jorge Zahar, 2003, pp. 359 e 367.

pessoal), Bleger, Hartmann, Cris, Loenwenstein e, evidentemente, Lacan e os numerosos colegas franceses, psicanalistas de grandes contribuições, como Clavreul, Dolto, Perrier, Leclaire, Melman, Safouan e tantos outros. Trata-se de uma plêiade admirável.

Maud Mannoni exerceu uma influência decisiva na psicanálise argentina e isso em delicada época política, pois não hesitou em se posicionar perante a impostura da ditadura.

Em mim, confesso-o, exerceu influência decisiva, pois foi quem me introduziu no pensamento lacaniano.

Seu primeiro livro, *O psiquiatra, seu "louco" e a psicanálise*[68] (infelizmente, traduzido para o vernáculo de maneira equivocada) me tocou profundamente. Logo vi que ali se abria um sendeiro precioso para a prática clínica da psicanálise. Esse livro, na época, causou um impacto formidável sobre os psicanalistas e psiquiatras franceses. E logo os seus ecos se fizeram ouvir em outros países. No Brasil, talvez por causa da precária tradução, não teve a repercussão que mereceria.

Com críticas à *ego psychology*, à antipsiquiatria de Lang e Cooper, à análise institucional de Bleger, propõe, baseada na concepção lacaniana do significante e do algoritmo dos três registros (real, simbólico e imaginário), um princípio fundamental para a clínica psicanalítica: o louco precisa ser acolhido, o delírio e a alucinação são tentativas de cura, reação de saúde; precisam ser suportados. São eles o caminho da cura.

Mannoni parte de uma idéia fundamental: o desamparo radical (*Hilflosigkeit*) do ser humano e sua prematuridade colocam sua existência em total dependência de quem o recebe e acalenta sua vida. O outro (pai, mãe ou que tal) e o Outro (a linguagem, o nome, o discurso que tange à criança) condicionam-lhe a subjetividade, já mesmo antes de sua concepção.

Em linha direta com Freud, Maud Mannoni vai concentrar o conceito de subjetividade e de "doença" na trama do mito familiar, isto é, na articulação do complexo de Édipo: *O mito familiar geralmente é conhecido do sujeito; o que é inconsciente é a identificação narcísea.*[69] É exclusivamente no âmbito do Édipo e da castração que ela configurará os distúrbios psíquicos. Ora, é exatamente nesse sentido que a concepção lacaniana da psicanálise se estrutura: se eliminarmos os conceitos de Édipo e castração, ruiria o edifício da psicanálise, afirmava Lacan.

MAUD MANNONI: A CRIANÇA, SINTONIA DOS PAIS

Mannoni vai a fundo e aos significantes da historização de cada paciente, sobretudo àquilo que não anda, àquilo que emperra a subjetivação e faz do indivíduo um neurótico ou um psicótico. Nisso, Lacan confirma Mannoni:

> *O que ensinamos o sujeito a reconhecer como seu inconsciente é sua história – ou seja, nós o ajudamos a perfazer a historicização atual dos fatos que já determinaram em sua existência um certo número de "reviravoltas" históricas. Mas, se eles tiveram esse papel, já foi como fatos históricos, isto é, como reconhecidos num certo sentido ou censurados numa certa ordem.*[70]

Em conseqüência desses princípios, no frontispício da obra de Mannoni, podemos discernir sua proposição central: *a criança* (o paciente) *é sintoma dos problemas dos pais.*[71]

A firmeza teórica de Mannoni se deve a que sua teoria, à semelhança da de Freud ou de Lacan, dimana diretamente de sua clínica.

As palavras dos pais

Segundo essa concepção dos problemas (sintomas) da criança, Mannoni nos propõe dois princípios:

> 1 – *Nada pode ser compreendido na psicose, se não se situa a maneira como o sujeito (desde antes de seu nascimento) foi preso em certo feixe de palavras parentais.*[72]

> 2 –*A gravidade das desordens psicóticas da criança está ligada à maneira como, muito cedo em sua vida, defrontou-se com uma palavra mortífera.*[73]

Na verdade, esses dois princípios se recobrem e um explicita o outro.

A pergunta pungente é a seguinte: "como se faz um louco?", "como se faz um neurótico?".

Em primeiro lugar, "como se faz". A psicanálise leva em conta as taras (peso de origem), sejam genéticas, biológicas ou do mito familiar; taras apenas enquanto aparecem no nível da linguagem, isto é, enquanto marcam presença pelo nível de angústia ou pelos sintomas. Contudo o que realmente se considera como estruturante é a maneira como a criança foi recebida pelos pais e por eles conduzida no aviamento de suas pulsões. Assim, excetuando-se traumatismos catastróficos, normalmente são necessárias três gerações para que surja um doente psíquico numa família. Os erros, as falhas de "fabricação", não são inconseqüentes.

Maud Mannoni não dá muita importância à classificação psiquiátrica das doenças. Ela não trata de doenças, trata de doentes. A doença para ela funciona como um sintoma, um sintoma que denuncia um estado psíquico resultante de como o sujeito foi concebido, gerado, alimentado e mantido em seu desenvolvimento psíquico. Já bem antes de a criança vir ao mundo, antes mesmo que os pais se conheçam, a base da trama edípica já está posta. Conforme os pais tecem seus projetos, incluindo sobretudo o dos filhos, estes estão com a sorte lançada. A classificação psiquiátrica das doenças importa menos que saber no que ela é diferente, específica em cada sujeito. Em matéria de "doenças" psíquicas o que é relevante para a psicanálise é o particular e não a descrição fenomenológica pretensamente científica, universal.

Certo feixe de palavras sugere o mito familiar, o modo de conceber a vida, um discurso que recebe a criança e molda suas pulsões nascentes, propiciando-lhe o acesso à vida, aos desejos, à subjetividade. *Certo feixe de palavras* é, sobretudo, o discurso da repetição sintomática, o discurso que alimenta a estrutura neurótica ou que faculta a psicose.

É baseada nesses princípios que Maud Mannoni propõe que se trate dos pais. Se *nada pode ser compreendido na psicose* e se não se levar em conta *certo feixe de palavras parentais*, para mim se tornou evidente que o problema são os pais, a criança é mero efeito dele. Em minha prática clínica, cheguei cedo à conclusão de que tratar a criança-sintoma, além de ser um trabalho extremamente difícil (raros psicanalistas tiveram êxito nessa empreitada), compromete a chance de um bom prognóstico, e as terapias *levam a pior*.[74] A razão é simples: por mais que trabalhemos com a criança (ou o adolescente doente), ao voltar para casa após as sessões de análise, ela estará às voltas com esse *feixe de palavras parentais* que é a causa e a sustentação de seus sintomas. A criança, se tivesse a oportunidade de uma *verdadeira* análise, conforme passasse da repetição à lembrança, da lembrança à rememoração, da rememoração à elaboração embicaria no impasse de uma angústia crescente, insuportável, constataria que seus problemas vêm de alhures. Só quando conseguirmos desarticular, "desamarrar" o discurso parental (*feixe*) que mantém e coagula a profecia, o voto, os oráculos e os juramentos que sustentam a alienação dos desejos do filho é que este começará a ter acesso ao desejo próprio, à própria subjetividade. Como o filho pode querer desejar se o desejo dos pais, ou de um deles, é tão imperativo, abafador? Que outra saída lhe resta, senão a conformação, a cópia ou a oposição (que é exatamente a mesma coisa), isto é, a saída sintomática?

No segundo princípio, Maud Mannoni afirma que *a gravidade das desordens psicóticas* está ligada à *uma palavra mortífera*, com a qual a criança muito cedo se defrontou. Isso quer dizer que toda palavra tem um peso, uma força de impressão no sujeito (significante), pois a palavra age *ex opere operato,* pela obra que ela opera. Há palavras que marcam como a marca em brasa marca a rês. Há palavras que são verdadeiramente malditas, malditas. Elas lançam uma *maldição* sobre a criança. Uma maldição que não vem nem atua via qualquer superstição ou via castigo do bom Deus. A força e a determinação dela dimanam exatamente da força da palavra, isto é, da palavra de pai, da palavra de mãe. E é isso que pesa! Isso que conta! O filho, enquanto estiver sob o império dessa palavra maldita (*mortífera*), tem chance emperrada (neurótico), reduzida (psicótico), senão quase nula (autista), de ter acesso ao desejo próprio. Assim, um jovem passou a juventude inteira incapaz de namorar uma garota, porque, tendo sido criado por uma tia, pesava sobre ele a sentença: "Você é feio, seus irmãos são bonitos, nenhuma mulher irá querê-lo". Mais tarde, entregou-se loucamente a uma vida devassa, com a fantasia de que tinha de compensar o tempo perdido com devaneios sobre sua feiúra.

A arte da análise de pais consiste em detectar essa *palavra mortífera*, o significante que mantém a subjetividade da criança em cativeiro. Descoberto esse significante devastador do discurso, mais ainda, do desejo dos pais ou de um deles (aquele que é patogênico), o degelo do sintoma na criança é precipitado. Precisamente na proporção em que os pais se desembaraçarem do significante-palavra-mortífera se dissipará na criança o núcleo patógeno e ocorrerá uma desimpressão dessa "marca ao nível do corpo da criança" e o "acesso a um corpo simbólico" será franqueado. *A criança*, diz Mannoni, *em seus progressos, participa dos efeitos produzidos no inconsciente dos pais.*[75]

Trata-se de uma operação de castração, como toda intervenção verdadeiramente psicanalítica. Essa operação é um ato analítico, um ato em que a "palavra vazia" se transforma em "palavra cheia", um ato de cura em que os sujeitos interseccionados se libertam pela apropriação do desejo próprio. O desejo constitui o sujeito, mas, para ter acesso a ele, é necessário que a palavra que o constitui seja liberada, já que ela está bloqueada por um *feixe de palavras parentais* que exprimem o desejo dos pais e soterram o desejo do filho. *O tratamento da criança*, diz Mannoni, *toca na posição do adulto em face do desejo.*[76]

Nesse caso, diante de tal intrusão parcial ou maciça, ao filho não resta alternativa senão responder como sintoma dela. O dilema entre ter de responder ao desejo parental e o vislumbre de poder se despertar para o desejo próprio desencadeia uma cascata de infinitas patologias possíveis. O discurso patogênico é a explicitação de um fantasma comprometedor dos pais ou de um dos genitores. A criança, mediante a injunção de um significante, permanece atada a esse fantasma devastador. Por isso, nada pode ser mudado, sem que esse fantasma seja dissipado ou, ao menos, modificado. *O prognóstico de uma cura*, avança Mannoni, *depende em parte do laço que liga a criança ao genitor patogênico.* [77]

Maud Mannoni explicita esse discurso parental patogênico em dois aspectos. Trata-se ou de *um discurso fechado* ou de *um discurso dramático.* [78] O *discurso fechado* compreende o "mito familiar" ou, como Lacan escrevia, "os complexos familiares". O mito é a primeira maneira, a mais primitiva, de produzir ciência do mundo, dos fenômenos da natureza ou da vida, do nascimento à morte. É o modo peculiar como a família se concebe ou se explica em sua história, independentemente do real. É a leitura que a família, às vezes ao longo de três ou mais gerações, consegue fazer para melhor se adequar ao retorno do recalcado. *Discurso fechado,* porque é sempre o retorno do mesmo, é leitura única que atravessa gerações. Ora, será sempre na criança que esse discurso irá fazer marca, irá condicionar, modelar as forças pulsionais nascentes. *A criança doente*, diz Maud Mannoni, *é o representante ou o suporte do mal-estar parental, mas de um mal-estar que se quer guardar fechado.*[79] Esse "querer" evidentemente não é um querer consciente e, sim, uma necessidade de sobrevivência psíquica. O sintoma é e sempre será uma saída, embora falsa, de saúde.

Ora, o valor inestimável da análise de pais é poder romper essa seqüência de gerações sintomáticas, é impedir que a próxima geração venha a ser concebida ou lida sob os mesmos ângulos mitêmicos, os mesmos significantes, as mesmas taras familiares. É da natureza da análise, isto é, é-lhe específica a ruptura, a disrupção de toda continuidade patógena, muita vez devastadora.

Explicitemos esse *discurso fechado*. O complexo sintomático da família ou da criança é um conjunto de concepções subjetivas de si ou das coisas, um enredo de atitudes que um membro da família, especialmente a criança, vai invariavelmente repetir diante de certas circunstâncias. Ora, possibilitar aos pais e filhos que esse mito seja desmascarado, rompê-lo graças a uma nova leitura propiciada pela intervenção analítica, pode mudar de imediato o arranjo inconsciente, facultando que certos núcleos patógenos se desarticulem e se dissipem, e novas cadeias se estruturem num rearranjo em que já não se encontre a realimentação patógena. Uma coisa é certa, a partir do momento em que certo *discurso fechado* possa ser dissipado pela análise, tudo pode mudar. Assim, insistem pesadamente certas tiradas como "não consigo", "não posso", "não suporto", "meu filho não dorme", "não consigo dormir tranqüila em meu quarto", "ele é nervoso, porque toda minha família é nervosa", "ele faz xixi na cama aos oito anos, porque eu também fiz", "vou ter câncer, porque as mulheres de minha família morrem de câncer", "ah o problema de intestino é uma herança familiar", etc. etc. Esses discursos se impõem pelo linguajar dos pais. Eles selam o presente com um passado carregado e impedem o filho de ser portador de seu próprio desejo, fecham-lhe o acesso ao corpo próprio e à subjetividade, privando-o de um périplo singular. O hábito é simplesmente pernicioso, porque impede o sujeito de vivenciar o presente e, conseqüentemente, de construir o futuro. O hábito gera a rotina e a rotina mata o espírito.

Maud Mannoni é absolutamente lúcida sobre esse tema:

> *E é por falta de poder se situar em relação a eles (os pais) que o sujeito desenvolve os seus sintomas. Na relação mãe-filho tudo o que toca as noções de dependência, frustração, não é na realidade senão a colocação da relação fundamental do sujeito à Coisa.*[80]

Ou seja, à mãe ou ao soberano bem que é *interdito*. Ora, é o interdito do incesto que, separando a criança da lei da mãe, permite-lhe o acesso à Lei do pai, que consiste no advento da ordem, da cultura, da linguagem. Entendo que o incesto não diz respeito apenas ao relacionamento sexual com a mãe, mas a todas as relações mãe-filho em que o pai como terceiro (função paterna) seja anulado ou simplesmente não levado em conta. Em tudo o que houver a *père-version* (a perversão do pai, segundo Lacan), certamente haverá conseqüências patológicas para a criança. Maud Mannoni completa:

> *Freud, ao insistir sobre o Édipo, mostra que nada pode ser articulado sobre a sexualidade do homem se ela não passar pela lei da simbolização. E o que é rejeitado no simbólico reaparece no mundo exterior (o real) na forma de alucinação. Segue-se uma espécie de degradação em cadeia que se chama delírio.*[81]

Esse texto é resumo de uma sabedoria clínica inestimável. É interessante notar essa ligação estreita entre o pensamento de Freud e o de Lacan. Penso que é fundamental em clínica, como sempre fez Lacan, pensarmos a neurose via psicose. Evidentemente, são estruturas diferentes, mas nada impede – pelo contrário, a clínica o demonstra – de entender que também na neurose o que aparece no real – o sintoma – é precisamente o que não se conseguiu dizer no simbólico de maneira adequada. Aqui, é o núcleo patógeno que impede a liberdade subjetiva; na psicose, porém, é a falha radical de um significante da cadeia, que simplesmente a tolhe. Na verdade, é assim que as coisas se passam.

Considerando o anteposto, temos: o "discurso fechado" dos pais geram sintomas nos filhos, ou seja, os filhos são sintomas dos pais. Logicamente, então, importa receber os pais. Como recebê-los? Psicanaliticamente. Explicitemos.

De início, é preciso ficar atento para discriminar qual é a demanda dos pais e qual é a demanda do filho. Normalmente, os pais procuram sobretudo pediatras, psicólogos, para que lhes dêem conselhos ou resolvam o problema que averiguaram no filho. Os pais jamais ou raramente têm consciência de que o problema está neles. À medida que a análise deles caminha, há um momento em que se dão conta disso e o dizem com certa surpresa. O analista não precisa se incomodar que não tenham ciência disso, do mesmo modo como não deve se preocupar com o sintoma. Lacan sabiamente nos adverte de que jamais devemos responder à demanda do paciente, pois este (aliás, o analista muito mais) não tem noção do que a demanda carreia. A demanda, por se articular com o significante, sempre é demanda de outra coisa, *e o desejo aparece como o suporte do que deseja dizer a demanda além daquilo que ela formula.*[82] Mas, aqui também, temos de levar em conta os três tempos de escuta propostos por Lacan: "instante de ver", "tempo para compreender" e "momento de concluir". Toda precipitação em não respeitar esse metrônomo será mal-vinda, desastrada, pois bloqueia a transferência e o trabalho é abortado.

O traquejo do psicanalista o conduzirá à escuta do que o discurso do pai ou da mãe ou de ambos veiculam. Que genitor é patogênico? Com tempo, paciência e prática, podemos verificar que lugar ocupa a criança dentro da estrutura edípica. Que lugar tem a criança nos *desejos* dos pais? Onde está o *gozo* dos pais em relação à criança? Que *gozo* tem a criança em relação aos pais? O gozo aqui é gozo do outro, um gozar do outro. Trata-se de um gozo patológico, neurótico ou perverso? O gozo, portanto, graças a Lacan, tornou-se um excelente instrumento clínico. Verifique-se onde ele está e ver-se-á que é daí que o sintoma se alimenta.

O gozo é sempre um perigo. Ele beira a morte. Senão a física, a psíquica. O gozo é usufruto, fruição de um privilégio, físico, psíquico ou social. O gozo entorpece o sujeito na fruição dele. Por isso, o gozo estanca o desejo que é o moto e o especificante da subjetividade. O gozo faz do sujeito um ser improdutivo, ou seja, o gozo inopera, paralisa, o desejo opera, mobiliza. O drogadito é exemplo explícito. Por isso, restam-lhe dois caminhos no embalo da droga: a loucura ou a morte. Outro exemplo trágico é o gozo do Outro a que o louco é submetido; trágico, porque lhe impõe o limite da liberdade, simplesmente a liberdade de ser. Rouba-lhe a liberdade de ser sujeito. Todo gozo limita o processo sublimatório, exceto o gozo místico ou gozo fálico, enfim, todo e qualquer gozo que resulte de uma *translação* (Fernando Pessoa) é sublimante.

Tendo em vista a natureza polimorfa, inconseqüente ou simplesmente louca da pulsão, os gozos humanos se multiplicam ao infinito. Cada sujeito goza à sua maneira, os gozos são sempre inibitórios, fixam o sujeito num imaginário estagnado, roubando-lhe a possibilidade de crescimento ou evolução psíquicos. Quem não viu uma mãe sádica gozando sobre o filho humilhado ou uma mãe apaixonada pelo filho escravizado aos seus impulsos? Quem não viu uma criança olhando com olhos gozantes o desespero de uma mãe que bate nela, mas que, graças a isso, rouba-lhe a atenção que ela acredita ser apenas da irmãzinha? Toda ação sintomaticamente repetitiva que visa a criança ou que visa os pais cria impasses para a sublimação. Há um encalhe. Lembra-me um menino de seis anos, amplamente seduzido pela mãe, desordenado nos mais diversos hábitos civilizados: não queria nunca dormir na hora determinada, rejeitava comida, fazia exigências de todo tipo, especialmente de compras. Ele percebia clara e inteligentemente que a mãe o "protegia" das determinações da Lei do pai. O casal inicia uma análise. Após certo tempo, os pais combinam entre eles que, a partir daquele momento, o marido (já mais avançado em idade) iria pôr o filho na cama. Na hora, o menino percebeu que a mãe se retirou e o pai foi pô-lo para dormir. A criança vai resmungando, pois percebe que a mãe não apoiava o pai, não tinha a mesma determinação. Deitada, diz para o pai: "Estou com fome". O pai: "Agora, você vai dormir, o que você tinha de comer já comeu". Esse pedido, o menino bem sabia a quem o dirigia. Falou bem alto para que a mãe o escutasse: "Espera", intervém ela, "eu vou fazer uma chocolatada para você". O pai fica furioso. Sem fome, o menino pega no copo, olha maliciosamente para a mãe, sorri e devagarzinho começa a tomar a chocolatada. Deita-se e diz: "Pai, você está bravo?" Claramente, a desordem continuou, porque a mãe, à distância, comunicou ao filho que não abria mão dele para a ordenação paterna. Esse caso, por vários motivos, raiava a perversão.

Por paradoxal que seja, há sempre um gozo em todo sintoma, embora "podre" (Lacan). Poder detectá-lo é um avanço na análise. Mas a criança só faz sintomas que lhe foram proporcionados por *seus* pais. Criada por outros pais, com certeza absoluta, apresentaria outros sintomas. Ir mal na escola, ser irrequieta, hiperativa, dorminhoca, "preguiçosa", agressiva, mordedora, alheia a tudo, desligada, incapaz de concentração, obsessiva, lavar as mãos sem parar, trocar de letra, ter dificuldade em se alfabetizar, ter problema com a matemática, ser indisciplinada na escola, inibida, insegura, anti-social, apresentar sexualidade atrofiada ou precoce, masturbar-se continuamente, usar drogas, fumar e tantos outros sintomas, a criança não é mais que criança-sintoma, sempre e invariavelmente fruto de um "discurso fechado".

A criança nasce, como vimos, na mais absoluta indiferenciação pulsional: são os pais que lhe fornecem os significantes que lhe estruturam as pulsões, as representações do desejo e fixam a diferença, sexual, subjetiva. Baseada nessa condição de como a hominização se processa, Maud Mannoni vê uma lógica clínica no surgimento das doenças:

> *A posição do psicótico, em face do desejo, tem qualquer relação com a maneira por que é chamado a ocupar uma função na constelação familiar; é suficiente um "louco" que expie, para preservar o equilíbrio da fratria e dos pais, e se o doente se instala no seio do não-desejo, isso corresponde, de fato, ao voto profundo da família.[83]*

"Voto profundo da família", que família? Família que os pais da criança fundaram ou famílias de origem? Que voto subjaz à concepção da criança e à condução de sua educação? É preciso dar tempo ao tempo da análise, ao tempo dos sujeitos (os pais), pois nada adiantaria acolhê-los se não se chegar a esse "voto profundo". É dele que dimana toda determinação ("sobredeterminação") dos sintomas da criança.

Existe um sinal clínico para saber se esse voto foi atingido e, conseqüentemente, se a análise está caminhando, a cura se processando: verdade é que, quando a análise opera uma mudança nesse "voto" ou nesse quadro, isto é, conforme o filho doente se recupera, em geral, outro membro da família adoece. Não raro, aquele que está em segundo lugar nesse "voto" ou, quando não ele, o genitor patogênico. Diante dessas constatações, Maud Mannoni, numa seqüência clínica lógica, conclui:

> *O quadro, depositário do mundo fantasmático do paciente, deve portanto tornar-se objeto de análise para permitir que se desatem os laços psicóticos estabelecidos pelo paciente com a instituição psicanalítica ou social. A análise do quadro é a colocação às claras daquilo que, na imagem do corpo do paciente, permaneceu espedaçado.[84]*

A reintegração (essa é a função da análise) daquilo ou daquele membro espedaçado importa na reintegração subjetiva, no acesso ao desejo próprio, na conquista da liberdade de viver.

Falemos agora do *discurso dramático*. O drama não é uma tragédia. Tragédia é algo fatal, uma passagem ao ato, algo, ato ou fato, não raro irreversível. O drama, porém, representa uma ação violenta ou dolorosa, um ato, uma ação com sentimentos patéticos, incluindo conflitos psíquicos e/ou sociais. O drama é "drama em gente" como dizia Pessoa. *O drama a que somos remetidos não é o da doença da criança e, sim, o drama de existir para os pais.*[85] *O discurso dramático* estará sempre ligado ao termo do abandono, da morte, da destruição, da condenação, da escolha ou da exclusão do desamor. Não raro, trata-se de um episódio real ou imaginário, mas de todo modo violento, disruptivo, implantando no inconsciente um núcleo patógeno que, qual vulcão adormecido e diante de situações precisas, fará seu retorno com o montante de angústia suficiente para abalar o sujeito. O *discurso dramático* toma forma de ameaças, "assassinato de almas", catástrofes, fim do mundo, pesadelos, violência, morte.

O drama sempre se encontra ligado a um trauma e o trauma, para o ser humano, é básico: consiste simplesmente no fato de que a criança tem de se separar da mãe. E esse trauma será tanto mais aberto à solução quanto mais a mãe se abrir aos efeitos da função paterna. *É o caso que a mãe faz do discurso do pai*, diz Lacan, que vai permitir que a criança passe por esse trauma de maneira equilibrada ou acidentada. Na realidade, as patologias têm aí seu fundamento e origem. O analista atento saberá esquadrinhar o quadro da concepção, nascimento e desenvolvimento da criança, *pois não o diremos de novo jamais o bastante: no momento em que, em condições precisas, o psicótico é chamado a ter de acordar significantes, ele faz um esforço que acaba no desenvolvimento de uma psicose.*[86]

O trauma é inevitável e o que a clínica demonstra é que ele, no mínimo, deixa sua marca: para uns, mortífera; para outros, menos dramática.

O trauma é sempre um mau encontro ou uma trombada com o real. Ele forma, como vimos, o que Freud chama de *núcleo patógeno*. Assim como todo e qualquer patógeno, é gerador de infectação: o núcleo patógeno gera sofrimentos. Ele consiste em concentrações endurecidas, cristalizadas, de significantes que não circulam livremente nas redes do inconsciente e cujo conhecimento nos chega apenas pelas manifestações sintomáticas. O núcleo patógeno tem de ser atingido por intervenções adequadas, isto é, descamado como uma cebola, para que seu conteúdo possa circular livremente nas redes de significantes. O núcleo patógeno é tumor que precisa ser drenado, para que seus tecidos envolventes voltem a uma superfície normal, permitindo uma circulação renormativizada. O núcleo patógeno é um novelo embaraçado (*eu sou um novelo embrulhado para o lado de dentro*, Pessoa), cujo princípio do fio é preciso ser encontrado. Ora, o sintoma é o índice e o início da linha embaraçada. É dele que nos servimos como guia, jamais como algo a ser suprimido. O sintoma desaparece por si só, como se fosse por acaso. Esse desaparecimento é fruto *a posteriori* de um ou vários eficazes atos analíticos.

O paradoxo de o desejo do filho ser desejo do Outro, sobretudo dos pais, coloca todo o problema do "drama em gente", do trilhamento da pulsão, dos destinos da subjetividade. Uma coisa é certa: o "discurso fechado" e o "discurso dramático" não deixam de produzir suas lesões. Há filhos que são verdadeiramente marcados para ocupar o lugar das descargas neuróticas da família. "Marcados para sofrer", neles arrebentam todos os impasses, as desavenças familiares. Eles são verdadeiramente objeto de um decreto implícito. E, se tiverem a infelicidade de, além de tudo isso, receber um diagnóstico fatídico da psiquiatria, eles o viverão como uma verdadeira sentença condenatória. Nada mais lhes restará que cumpri-la no dia-a-dia amargurado de suas vidas. A psiquiatria ganharia muito em ser prudente ao emitir diagnósticos comprometedores, mesmo correndo o risco de perder pacientes!

Uma paciente encharcada de psicotrópicos, discinésica, relata: "Eu pensava, pelo que o médico me disse, que tinha de ficar psicótica a vida inteira e que nunca mais poderia deixar de tomar antipsicóticos". O exercício da psiquiatria, com certeza, não é exercício de poder, pior ainda, de poder condenatório, e nem precisa ser *a criada factótum dos laboratórios farmacêuticos*.[87] Dizer, por exemplo, a um paciente em pânico ou a outro em surto psicótico que deverão tomar medicamentos pelo resto da vida, além de ser antiético, é submeter tais pacientes a uma sentença condenatória, a um veredicto. *A palavra do médico*, afirma Maud, *tem sempre efeitos decisivos*.[88] Inconscientemente, não estaria em jogo a certeza de que toda medicação psiquiátrica é apenas sintomática? Os psiquiatras ganhariam muito do ponto de vista subjetivo e ajudariam verdadeiramente seus pacientes se tivessem um pouco menos de certezas. Passariam não a ver doenças, mas a escutar cada paciente. Seria totalmente diferente se, em vez de correrem para classificar a loucura, deixassem-se interrogar por ela em cada paciente.

Nessa questão, Jurandir Freire é preciso:

A meu ver, nada existe de incorreto em se descobrir e utilizar antidepressivos, tranqüilizantes e hipnóticos para atenuar ansiedades, depressões, fobias sociais ou insônias crônicas. O problema é reduzir o sofrimento mental à sua base neurofisiológica e induzir as pessoas a desistirem de refletir sobre as causas morais de seus conflitos emocionais. Nesse caso, subtrai-se do raciocínio um argumento decisivo contra a pretensão fisicalista, qual seja, sem uma forma de vida que nos ensine a reconhecer como sendo "sofrimento" tais ou quais percepções, sensações, sentimentos, comportamentos e valores, simplesmente não saberíamos o que é uma depressão nem teríamos por que tratá-la.[89]

Nada mais claro. O paciente precisa se abrir ao inconsciente, único detentor do núcleo patógeno que o faz sofrer. Ora, para isso necessita falar e, mais ainda, ser escutado. Abrandar sintomas ou simplesmente suprimi-los não leva à cura, pois deixa intacta a causa. O retorno do recalcado tem dias marcados. O impasse da loucura é um só: o não-acolhimento dela gera a *cronificação*. Ora, a cronificação é uma fatalização absolutamente desnecessária. À metástase no câncer corresponde a cronificação nas afecções psíquicas.

No âmbito da neurose, dá-se exatamente a mesma coisa. A medicalização dela, seja histeria, seja neurose fóbica, seja sobretudo neurose obsessiva, gera um impasse, mergulha o paciente numa ilusão. Nada mais propício para sua a consagração e quase morte subjetiva do paciente.

Cada vez mais, vemos psiquiatras, neurologistas e mesmo pediatras receitando psicotrópicos a crianças e jovens, às vezes, com pouco senso crítico ou clínico. Problemas de crianças vivas rotuladas como hiperativas, problemas de insônia e agressividade facilmente são medicados não só com psicotrópicos como até com anticonvulsivos. A fatalização dos diagnósticos e a medicalização dos sintomas não contribuem em nada para a cura de pacientes. Ao contrário, tais procedimentos podem ser o encaminhamento para a tragédia da cronificação.

Se considerarmos que essas manifestações psíquicas não são senão sintomas dos problemas dos pais, certamente, elas podem ser resolvidas mediante a escuta deles. Escutando os pais psicanaliticamente, os sintomas dos filhos podem desaparecer, pois suas causas podem ser removidas. Maud Mannoni, escrevendo sobre Françoise Dolto, assim se exprime:

> *As palavras usadas por Françoise Dolto (é preciso ler a obra-prima que constituem os diálogos com seus jovens pacientes) têm um poder mágico, pois descobrem a força dos mitos: aqueles de uma cultura em que se transmite uma história sobre a vida, a morte, as gerações.*[90]

Ao ler e reler, ao estudar os textos de Maud Mannoni constato que esse dito calha de igual maneira em sua obra e em sua clínica: *poder mágico* é poder (verbo!) da palavra, da palavra proferida na transferência a partir de uma escuta incondicional do sofrimento de cada sujeito. *Poder mágico*, porque operante no inconsciente dos pais e dos filhos. Todo analista, certamente, deve ter feito ou poderá fazer experiência semelhante. De fato, na escuta de pais, o efeito sobre os sintomas dos filhos parece realmente como mágico. A comunicação inconsciente entre pais e filhos, mas, sobretudo entre mãe e filho, é real.

Transferência no atendimento de pais

*L'expérience du transfert se fait entre
l'analyste, l'enfant et les parents.*
Maud Mannoni

*A psicanálise é a arte de
ver com o ouvido.*

Em princípio, podemos dizer que atender pais em análise não pode ser diferente de qualquer outro atendimento psicanalítico. Portanto, a transferência, também aqui, é condição sem a qual a análise não acontece.

Contudo, importa atentarmos à especificidade dos sujeitos envolvidos. Os pais nos procuram, porque acham que, ao modo de médicos, psicólogos, fonoaudiólogos e psicopedagogos podemos dar uma resposta à demanda deles sobre o filho. Eles nos procuram porque nosso nome foi indicado, em geral pelo pediatra ou por outro profissional ligado à família e/ou à criança.

É aqui que a trama de transferência começa a ser tecida. Como não podemos responder à demanda, pois ela é imaginária, fenomenológica e encobre um real que os pais nem sequer suspeitam, há um momento decisivo na primeira entrevista, que consiste numa passagem, em que o analista os fará vislumbrar um além da demanda. Isso se dá porque o analista demonstra ter escutado, já na primeira entrevista, coisas de que os pais nem mesmo suspeitavam. Esse momento é decisivo. Os pais começam a se dar conta de que o psicanalista não responde a especializações, embora seja um especialista em escuta. Eles se tocam por determinadas intervenções, que os esclarecem sobre o fato de que os sintomas da criança têm uma causa e que, portanto, têm um sentido. Nessa hora, há uma adesão inconsciente ao tratamento, surge o amor de transferência, desperta-se um desejo de saber sobre eles mesmos e sobre a relação deles com a criança. Os pais se responsabilizam pelo sintoma da criança. Graças a essa intervenção terciária do analista, os pais mudam totalmente sua perspectiva em relação aos problemas do filho.

O segredo da análise de pais, como aliás de toda análise, consiste em nunca abrir mão dessa relação terciária: é com o Outro que o analista e os pais trabalham o tempo todo, é o Outro do inconsciente de cada um deles e o da criança que almejamos em nosso labor. Essa relação terceira adquire uma dimensão ética. É ela que justifica a prática específica da análise.

Responder à demanda mina toda intervenção possível do analista, uma vez que a especificidade de sua atuação fica comprometida. Responder à demanda é atuar e atuar no nível da necessidade. Para isso, há outros profissionais mais preparados que o psicanalista. Sempre que, para o psicanalista, paire uma dúvida sobre a origem orgânica, sobretudo neurológica, do sintoma da criança, aí sim competirá a ele intervir no real e pedir que se procure o especialista correspondente ao distúrbio detectado ou suposto.

O psicanalista não pode responder à demanda, porque sua posição o impede de assim proceder. Ocupando o lugar do sujeito-suposto-saber e o do objeto *a*, sua posição, sua função, é despertar o desejo do casal para a descoberta da verdade do sintoma. Se o analista respondesse à demanda, saturaria aquilo que estaria prestes a surgir. É interessante observar que todo profissional que intervém com especializações na vida da criança, ele assim o faz porque, possuidor que é de uma episteme determinada, é esperado que, em razão desse saber específico, responda às demandas. Ora, no caso do psicanalista, a episteme tem de ser inventada. Trata-se de um saber que não se sabe, um saber inconsciente, uma verdade que tem de ser descoberta. Em cada análise, é preciso criá-la de novo. Por isso o analista é apenas um profissional suposto saber. Na realidade, quem sabe é o inconsciente. O analista sabe apenas como conduzir as coisas para que o inconsciente revele as verdades de que é detentor, *pois todo discurso toma seus efeitos do inconsciente.*[91]

No entanto, é o desejo do analista, *que não é puro,* que sustenta o processo: *É o desejo do analista que, em último termo, opera na psicanálise.*[92] Já na primeira entrevista, quando o analista se serve do esquema triangular para situar a relação do casal e a relação edípica, estabelece-se imediatamente uma certeza: compete ao casal descobrir a verdade do sintoma e encontrar as vias para a solução dos problemas. Nesse movimento, preservam-se de imediato a subjetividade dos pais e a da criança, e a ponte da transferência está lançada.

Lacan contribuiu consideravelmente para a escuta do psicanalista. Ela se tornou mais precisa, adquiriu mesmo uma direção, um norte. A análise não tem outra finalidade que não o sujeito do inconsciente. Ora, Freud descobriu que o sujeito do inconsciente fala. É através da fala que ele se manifesta, isto é, ele é representado por significantes. Ao ter descoberto que é o significante que representa o sujeito e o representa para outro significante, Lacan conseguiu estabelecer como é que a singularidade do sujeito se constitui. Ora, isso é enorme, é a possibilidade de se entender a pura diferença. O psicanalista é verdadeiramente o "guardador de rebanhos" (Fernando Pessoa), de significantes, isto é, de pensamentos.

De outro lado, seus três registros vieram iluminar uma escuta consistente. Real, imaginário e simbólico são verdadeiramente a tópica de Lacan. Eles nos oferecem uma base sólida na escuta do neurótico e/ou do psicótico. A cada instante, nos três registros, o analista pode se perguntar: onde está o paciente em tal fala ou onde estou eu em tal escuta. Significante, real, imaginário e simbólico se tornaram uma heurística eficiente na busca do sujeito. Isso permite que o analista não se perca nem divague no signo lingüístico ou na polissemia, na intuição ou na mitologia, já que o sujeito é único, constituído em sua história própria. E o sujeito é único, porque, além do significante, o real, isto é, o objeto *a* o constitui como único. É o objeto *a* que detém a letra de sua subjetividade, isto é, da sua verdade.

Na escuta dos pais, não agimos de maneira diferente. Atrás do discurso que simplesmente ouvimos, estamos atentos não tanto aos fatos quanto ao sentido a eles atribuído. Além do sintoma, ocupamo-nos do mal-entendido, do equivocado, sobretudo na relação triangular; no dizer que escutamos, interessa-nos sobremaneira o não-dito, o não-dizer, o entre-dizer, as entrelinhas, o titubeio, a interrupção do discurso, as suas lacunas, a denegação e até gemidos e lamentações. Aqui, estamos às voltas com uma transferência múltipla: *A experiência da transferência se faz entre o analista, a criança e os pais.*[93] Essa relação se torna integral: joga-se tudo na empreitada do tratamento. O analista é pressionado numa relação de amor e ódio, de angústia ou hostilidade. Isso advém do fato, diz Mannoni, de que *as reações dos pais fazem parte integrante do sintoma da criança e, portanto, da condução do tratamento.*[94] Se a criança é o sintoma dos problemas dos pais, *a criança doente faz parte de um mal-estar coletivo, sua doença é o suporte de uma angústia parental.*[95]

Eis porque não é fácil para os pais suportar a cura da criança. Como vimos, alguém tem de pagar a dívida e, nesse caso, sempre será o progenitor patogênico. A cura da criança dependerá de um trabalho paciente com os pais para que ambos (ou, quiçá, apenas um deles) vençam a resistência em compreender ("tempo para compreender") que o filho não é mais que sintoma deles. Não raro, ao descobrirem isso, os pais levam um susto, mas um susto benfazejo, pois prenúncio de castração. Nessa hora, é importante eliminar o apelo à culpa, que, estéril, só leva à não assunção da responsabilidade do problema.

Esse é um momento fecundo: a virada acontece "apesar do analista", às vezes muito rapidamente. Assim, por exemplo, os pais de Eva, que procuraram uma analista de pais. Trazem as queixas de que a filha de dois anos bate neles, recusa-se a dormir à noite (meia-noite, os pais exaustos e ela a dizer "não, não vou dormir"), reclama de todo tipo de comida e joga-se no chão, fazendo birra, quando não consegue o que quer. Com quatro sessões de análise dos pais, essa criança passou a ter horário, comer normalmente, eliminou a "manha" e regularizou o sono. Uma simples reordenação edípica trouxe paz a todos e, sobretudo, com certeza, irá garantir um futuro no mínimo menos neurótico para essa criança.

Maud Mannoni resume o processo de análise nos seguintes termos: *A evolução de um tratamento implica expor o que está em jogo na separação criança-pais.*[96] Trata-se de uma falta a ser instituída pela castração: *É como objeto faltante ao outro que criança e pais se afirmam.*[97] Eva não tinha falta de nada, seus pais estavam ambos a serviço de sua pulsão solta, desordenada. Não tinha acesso a seus desejos, pois suas birras, seus caprichos (perversos), suas exigências mantinham os pais anulados em suas respectivas funções, ambos às voltas com prover às *necessidades neuróticas* dela. Eva não tinha falta não preenchida. Os pais confundiam a multiplicidade de cuidados com a demanda de amor. Uma criança sob cuidados está numa relação dual, ao passo, que numa relação terciária, a criança é considerada como sujeito de discurso. À medida que os pais assumiram as respectivas funções ordenadoras da criança, esta cessou de ser o joguete das pulsões e passou a ordená-las segundo a Lei, Lei que permite ao ser humano ter acesso à

TRANSFERÊNCIA NO ATENDIMENTO DE PAIS

civilização. Após cinco consultas, os pais de Eva sentiram-se seguros em suas funções e se foram. Nem era preciso que ficassem mais, porém, não é incomum que, em outros momentos de passagem, voltem a procurar essa analista, que soube tão bem respeitá-los em suas funções e despertar-lhes a autonomia subjetiva em cumprir sua tarefa de pais.

A castração gira sempre ao redor da separação mãe-filho, pai-filho. Na castração, sempre estarão em jogo a morte, o fálus, o nome-do-pai, o abandono, a destruição ou a condenação. O psicanalista procura sempre detectar onde esses significantes estão inoperantes ou sintomaticamente operantes, impedindo a subjetivação da criança.

A análise de pais permite que estes deixem de projetar seus problemas sobre a criança e, esta, liberta da posição de depositária dos sintomas deles, consegue articular seus desejos na construção de sua subjetividade. *É a assunção da castração*, cito Lacan, *que cria a falta de que o desejo se institui*.[98] Ocorre um verdadeiro destravamento da criança, pois a trava do gozo do Outro é quebrada e o desejo próprio pode circular. Deixa-se uma posição de paralisia ou morte psíquica e ativa-se a dinâmica do desejo. Ora, é a transferência que possibilita que a castração e seus desdobramentos sejam suportáveis e se tornem eficazes.

Lacan: A criança, sintoma dos pais

> *O desejo é a própria*
> *essência do homem.*
> Espinosa

> *Pinto las casas como las*
> *imagino, no como las veo.*
> Pablo Picasso

Este capítulo propõe um único tema: os filhos como sintoma dos pais. Como disse anteriormente, devo a Lacan e Maud Mannoni a inspiração de meu trabalho clínico e teórico de atendimento de pais.

Para que se tenha uma idéia sobre a convicção de Lacan a respeito desse tema, proponho-me a comentar um texto dele escrito em forma de carta. Em uma nota manuscrita, datada de 1969, Jacques Lacan escreveu à doutora Aubry, psicanalista de criança, membro da École Freudienne de Paris, mãe de Elizabeth Roudinesco, uma síntese do que ele julgava importante levar em conta no sintoma da criança. Cito aqui (em itálico) na íntegra essa carta que traduzi e dela teço meus comentários. De início, cabe uma observação: é deveras curioso que Lacan escreva essa nota de próprio punho e, ao mesmo tempo refira-se a si mesmo na terceira pessoa, dizendo o que Jacques Lacan pensa sobre o filho como sintoma dos pais. Francamente não sei como entender isso, mesmo porque Lacan e a doutora Aubry mantiveram relacionamento estreito na amizade e na psicanálise. Debito isso a sua auto-concepção e a um discurso da clínica, isto é, Jacques Lacan, ao responder à doutora Aubry, não lhe escrevia apenas como amigo e, sim, como psicanalista, expunha a todos os interessados seu ponto de vista clínico-teórico sobre o sintoma-criança.

Dans la conception qu'en élabore Jacques Lacan, le symptôme de l'enfant se trouve en place de répondre à ce qu'il y a de symptomatique dans la structure familiale.	Na concepção que Jacques Lacan elabora, o sintoma da criança se encontra no lugar de responder àquilo que há de sintomático na estrutura familiar.[99]

Primeiramente, que é sintoma para nós, psicanalistas? A psicanálise entende o sintoma como um fenômeno subjetivo, que angustia, inibe e aparece no real como a expressão de um conflito, de um núcleo patógeno inconsciente que faz sofrer, mas ao mesmo tempo propicia certo gozo.

Ao deixar a concepção do trauma sexual da infância como causa dos sintomas psíquicos, Freud ao analisar a conversão histérica, inaugura a verdadeira definição de sintoma em psicanálise. O sintoma histérico consiste na expressão de um desejo inconsciente, na realização de um fantasma inconsciente. Freud fala da formação de um compromisso entre o retorno do recalcado e a consciência dele, o ego agindo como intermediário. Lacan (1958) encara a formação desse compromisso (sintoma) como aquilo que *vai no sentido de um desejo de reconhecimento, mas desejo esse permanecendo excluído, recalcado*, pois o desejo de reconhecimento ignora o reconhecimento do desejo.

Note-se a diferença com o sintoma em medicina: sintoma em ambas as práticas é sempre o efeito de uma causa eficiente. Na medicina a causa eficiente seria um agente etiológico relacionado à biologia como, por exemplo, uma bactéria, um vírus, o príon ou a um acidente, um traumatismo. De todo modo, algo relacionado ao anatomofisiopatológico.

Em psicanálise, porém, segundo sua episteme, o sintoma seria sempre de ordem psíquica, ele é o efeito de uma causa inconsciente, de núcleos patógenos, até mesmo o sintoma epistemossomático. Mas há três maneiras desse sintoma se manifestar. Ele pode ficar essencialmente no mundo psíquico, é o caso da loucura aberta (delírios, alucinações) ou, segundo, é o caso das neuroses, como a fobia, o pânico, etc. Mas, não raro, o sintoma, embora seja de origem psíquica, não encontra saída senão no nível do corpo, elegendo membros ou órgãos que fazem parte da "anatomia ideacional" (Freud), ou seja, do "mito familiar", da história com que cada família, através das gerações, encara o corpo, a vida, a saúde. Nesse caso, há duas alternativas: ou o sintoma se apresenta como uma disfunção (recalque) ou como lesão de órgão (foraclusão).

Mais tarde, em 1975, no Seminário RIS, Lacan define o sintoma baseado em Marx: aquilo que não vai bem no *real*. O sintoma *vem do real, ele é o real*. O sintoma *é o efeito do simbólico sobre o real* [100], acrescentará ele explicitamente. Foi isso que lhe permitiu definir, na inauguração da seção clínica da faculdade de Psicologia de Paris VII, em 05 de janeiro de 1977, o que é a clínica psicanalítica: *O real enquanto impossível de ser suportado*.

A cura para a psicanálise consistiria em facultar ao paciente que esse real se torne, no mínimo, tolerável. *Os neuróticos*, diz Lacan em 1979, em Caracas, *vivem uma vida difícil e nós tentamos aliviar seu desconforto... Uma análise não tem de ser levada longe demais. Quando o analisando pensa que ele está feliz de viver, é o bastante.*[101] Essa afirmativa, como tantas outras preciosas observações feitas pelos verdadeiros psicanalistas *en passant*, indica o caminho e a chegada da clínica psicanalítica. Primeiro, a função dela é aliviar ou tornar possível resolver o sofrimento humano (cura) e, segundo, feito isso, o que deveria ser óbvio, que cesse a análise. Não haveria aí até mesmo um parâmetro para a ética de nossa clínica?

Voltemos agora à carta de Lacan.

Le symptôme de l'enfant se trouve em place de répondre à ce qu'il y a de symptomatique dans la structure familiale.	O sintoma da criança se encontra no lugar de responder ao que há de sintomático na estrutura familiar.

Lacan faz essa afirmativa tranqüilamente, como quem constatou o fato na clínica. Não lhe paira dúvida. Mas atentemos a ela. Primeiramente, esta afirmação estranha: o sintoma da criança está num lugar, lugar que responde ao que há de sintomático na estrutura da família. Portanto, o sintoma da criança é a própria projeção daquilo que é problemático na família. A criança é o abrigo, a morada da projeção dos problemas dos pais. Que lugar é esse? Ele é duplo: um lugar psíquico e um lugar físico. O lugar psíquico evidentemente é o imaginário da criança, em que ela se "vê" depositária daquilo que é insuportável no pai ou na mãe. E o lugar físico é o que aparece no nível do corpo, no anatomofisiopatológico. Aquilo que não consegue ser nomeado aparece no real (fruto de recalque ou foraclusão). A manifestação desses lugares tem seu fundamento no inconsciente tanto dos pais quanto da criança. Assim, bronquites, alergias, dermatites, vômitos, dores de cabeça sem agente etiológico, certamente, têm sua ordem no inconsciente. Ora, é precisamente esse lugar sintomático que nos ilumina na condução da análise dos pais. A criança é alvo de projeção dos ideais, das idealizações, das frustrações e dos problemas dos pais. Esse lugar é um lugar de gozo, gozo da realização de desejos inconscientes e, às vezes, inconfessáveis dos pais, como gozo da criança por sentir-se encaixada nos *desiderata* que a determinam e subordinam. Há uma complacência mútua e uma conivência tácita. Trata-se de um *modus vivendi* possível, em que a saída sintomática encarnada na criança responde ao recalcado e aos ideais de ego dos pais. Françoise Dolto observa:

> *Cada ser humano é marcado pela relação real que ele tem com seu pai e sua mãe, pelo a priori simbólico que herda no momento do nascimento, antes mesmo de ter aberto os olhos. Assim, tal criança é esperada para como devendo preencher os sentimentos de inferioridade de seu pai, permanecendo o menininho inconsolável por não ter nascido num corpo de mulher, fecunda de uma coisa viva, como era sua mãe. Tal filha é esperada para ajudar sua mãe a reencontrar sua situação conjungida à dependência de sua própria mãe, da qual se despegou com muita dificuldade e para preencher o desalento abandônico que ela experimenta com um marido que lhe é estranho. Essa criança necessária ao pai, necessária à mãe está já calada, se posso dizer, do ponto de vista simbólico, em sua potência de desenvolvimento. Em suma, cada criança é marcada por essa situação real.*[102]

Todavia, o sintoma é também um lugar de sofrimento, pois, ao ter de encarná-lo, a criança cumpre um papel que a penaliza, porquanto é induzida a responder ao desejo dos progenitores, tendo de abrir mão do próprio desejo. De todo modo, o sintoma é algo precioso para nós, pois ele é a própria presença do ausente, isto é, a presença do inconsciente, único objeto da prática psicanalítica. Paradoxalmente, jamais encaramos o sintoma como algo a ser suprimido. O sintoma, para a psicanálise, é a face de uma doença (núcleo patógeno), cuja cura o fará automaticamente desaparecer. Estamos no bom caminho quando, o tratamento encetado, o sintoma se torna agudo ou quando há uma agravação do distúrbio psíquico. É sinal seguro de que a psicanálise está verdadeiramente em ação. Esse é um momento delicado, ao mesmo tempo, fecundo e promissor para o tratamento analítico. É nessa hora que o analista está em seu verdadeiro trabalho: é a palavra ("verbo"dela) que garantirá o desfecho da cura. É nesse momento precioso que o analista não pode se demitir. Ele tem certeza de que a transferência garante a virtualidade da palavra, graças a seu poder curativo e restitutivo de subjetividade. Essa passagem é o ápice do exercício da psicanálise como clínica. É o instante mais realizador para um psicanalista. Isso só é possível graças ao mais completo apagamento da pessoa dele. Aqui, a abstenção é indispensavelmente total. Acontece algo que é da ordem terceira, uma reintegração subjetiva do inconsciente.

Enfim, nunca é demais lembrar outro paradoxo: a análise começa onde cessa a queixa sintomática (Lacan). O sintoma é um enigma (uma cifra, um significante, uma metáfora) que precisa ser decifrado. Trabalho apaixonante esse com um saber que não se sabe, mas que, ao ser sabido, faz de um indivíduo um sujeito. Note-se que a posição da criança é sintomática. Ora, o sintoma não é doença. Onde, então, encontra-se a doença, causa do sintoma da criança? Evidentemente, na "estrutura familiar". Mas quem constitui essa estrutura? Obviamente, os pais que, *a priori,* fundaram-na como pai e mãe, como genitores. Conclusão, o lugar do sintoma é a criança e o lugar da doença (causa) está nos pais. Disso decorre, evidentemente, que são os pais que precisam ser tratados e, tratados eles, os problemas (sintomas) das crianças conseqüentemente se dissiparão. Isso não é uma hipótese. É uma constatação baseada na análise de pais. É clínica psicanalítica. Concluo, com Françoise Dolto: *São os adultos gravemente neuróticos, tomados por mestres como exemplos, que trazem a desordem ou a organização enferma ou perversa à estrutura da criança em crescimento.*[103]

Le symptôme, c'est là le fait fondamental de l'expérience analytique, se définit dans ce contexte comme représentant de la vérité.	O sintoma, eis o fato fundamental da experiência analítica, se define nesse contexto como representante da verdade.

"A psicanálise nunca é o discurso científico que dela fala", diz Perrier. Por quê? Porque a psicanálise, em si mesma, é uma *experiência*, experiência de um discurso singular, que constitui o sujeito como base em seu inconsciente. É o inconsciente estruturado como uma linguagem, estruturado segundo as leis da condensação (metáfora) e do deslocamento (metonímia) que guarda o registro segundo o qual cada sujeito se constitui em sua absoluta singularidade histórica. E essa singularidade nós não a conhecemos a não ser pelas manifestações do inconsciente. Só a *alíngua* (*lalangue*, Lacan) do paciente contém a *hystória* (*hystoire*, Lacan) que é exclusivamente dele.

É por isso que só quem passa por uma análise "sabe" o que é a psicanálise. E tomemos "sabe" em se sentido radical: o "gosto" dela só o tem quem a ela se submete. Se tal alimento sabe a doce ou a salgado, a psicanálise sabe a psicanálise. Isto é, a experiência do encontro com o inconsciente é absolutamente única e, de quebra, regeneradora. É a liberdade de sujeito reconquistada. A volta pontual a um novo estado de saúde. Uma experiência subjetiva, uma experiência de ser sujeito. Isso é absolutamente específico à psicanálise, trata-se de uma experiência do sujeito do inconsciente.

Mas em que consiste essa *experiência libertadora*? Consiste em descobrir que o sintoma é o representante de uma verdade. A psicanálise, enquanto cuida de estabelecer uma verdade, a verdade do sintoma, pode ser considerada como uma ciência. *Aletheia* trata-se de tirar uma verdade do esquecimento, trata-se da desocultação do sujeito encoberto pelo sintoma: *toda essência da linguagem repousa na des-ocultação, no imperar da aletheia* (Heidegger), ou na ousadia de Freud, na descoberta do inconsciente como linguagem – alíngua – do sujeito.

Como o sintoma pode ser verdade se ele é "apenas" um representante, um embaixador dela, um camuflado, um representante da representação? Entramos aqui na própria prática da psicanálise. É a transferência entre analista e analisando (entre pais e analista) que energiza a associação de idéias (troca de significantes) ao redor do sintoma: é a transferência, dizia eu, que possibilita que a verdade re-presentada, escamoteada, emerja como que pelo acaso. O sintoma (o significante!) sempre antecede à verdade, ele é a própria "certeza antecipada" dela. O segredo da análise consiste em não largar (*démordre*) a presa (o significante) do sintoma.

O grande projeto iluminista de Freud no fim do século XIX consistiu numa descoberta estupenda: **o inconsciente**. O ser humano é portador de um saber que não se sabe. Infelizmente, um século depois, já não nos deslumbramos com tamanho achado. Mas pensemos um pouco: após milhares e milhares de anos da existência dos seres humanos, somente, apenas somente no fim do século XIX Freud levantou o véu do mistério desse

LACAN: A CRIANÇA, SINTOMA DOS PAIS

continente, depositário, registro das verdades, do fundamento do sujeito. E o paradoxo dessa descoberta está no fato de que ele aproveita os rejeitos desse continente (sonhos, atos falhos, esquecimentos, lacunas de discurso), sempre tão desprezados pela "ciência" e pela filosofia dos séculos precedentes, para demonstrar que são justamente eles os portadores (embaixadores) das verdades desse continente até então desconhecido.

Se, de um lado, o projeto iluminista de Freud é um compromisso com a verdade, especificamente com a verdade do inconsciente, de outro, ele responde a mais pura tradição talmúdica da verdade.[12] A proibição "não farás para ti imagem de escultura... não te prostrarás diante delas, não lhes prestarás culto" foi sempre, paradoxalmente, a diretriz de Freud. Só um judeu poderia ter descoberto a psicanálise. As "imagens de escultura" do imaginário não podem nos iludir. Elas não podem nos paralisar numa "idolatria". Não as podemos tomar senão como "imagens", sombras de uma verdade que lhes é subjacente. De outro lado, não podemos fazer de uma verdade um ídolo, uma estátua fria e muito menos adorá-la como única, "o bezerro de ouro". A verdade sempre é verdade em relação a outra verdade, não a VERDADE. A verdade da análise é sempre a do representante dela. A experiência fundamental da psicanálise consiste num encontro, o encontro do sujeito com uma verdade sua. Em cada sujeito, a psicanálise vai ao encontro de como o sujeito construiu sua experiência única, singular de ser sujeito. Real, imaginário, simbólico constituídos não com base em uma definição prévia, teórica, mas, sim, nos sofrimentos ou nas alegrias vividas nas experiências da vida do sujeito, na psicopatologia da vida cotidiana.

A psicanálise fez uma descoberta magnífica: a de que tudo acontece porque o ser humano fala: *Não há apreensão mais completa da realidade humana que a feita pela experiência freudiana.*[104] Freud é um marco, um divisor de águas no conhecimento do ser humano. Freud, Lacan e Heidegger foram os três gênios que nos revelaram as conseqüências de o ser humano falar. Depois deles, a fala e a escuta tomaram uma dimensão de grandes conseqüências: a descoberta estupenda do sujeito do inconsciente.

---

[12] FUKS, B.B. *Freud e a judeidade*: A vocação do exílio. Rio de Janeiro: Jorge Zahar, 2000. Trata-se de uma obra original, muito rica. Revela-nos uma face de Freud que encanta e, ao mesmo tempo, ilumina o entendimento de como a psicanálise pôde surgir.

Le symptôme peut représenter la vérité du couple familial. C'est là le cas le plus complexe, mais aussi le plus ouvert à nos interventions.	O sintoma pode representar a verdade do casal. Aí está o caso mais complexo, mas também o mais aberto às intervenções.

O sintoma (da criança!) oculta uma verdade, como todo sintoma. Mas aqui Lacan diz: Ele *pode* representar a verdade do casal. Parece-me importante essa ressalva: *ele pode*. Poderíamos pensar: primeiro, se "pode", fica aberta a possibilidade de que um sintoma da criança possa ter outra origem, como, por exemplo, o sofrimento de uma alergia à toxina liberada numa picada de aranha; segundo, se ele *pode*, trata-se de uma possibilidade, de uma hipótese, não de uma necessidade ou simplesmente de um universal (que, aliás, não existe em psicanálise). Mas, se levarmos em conta a primeira afirmativa de que o sintoma é uma resultante da "estrutura familiar", parece-me que aqui Lacan fala de um *poder* de representação específico ao sintoma da criança: esse sintoma não é só uma resultante da "estrutura familiar", ele é a "verdade do casal", isto é, a verdade especificamente encarnada no sintoma da criança é verdade do casal. O sintoma da criança "pode", isto é, tem o poder de "representar" a verdade do casal.

Françoise Dolto avança o seguinte:

> *Lá onde a linguagem pára é o comportamento que continua a falar e quando se trata de crianças perturbadas é a criança que, por seus sintomas, encarna e presentifica as conseqüências de um conflito vivo, familiar, conjugal, camu-flado e aceito pelos pais. É a criança que suporta inconscientemente o peso das tensões e interferências da dinâmica emocional, sexual inconsciente em jogo nos pais, cujo efeito de contaminação mórbida é tanto mais intenso quanto mais o silêncio sobre isso e o segredo são guardados. Em resumo, a criança e o adolescente é que são porta-vozes dos pais. Os sintomas de impotência que a criança manifesta são, assim, a ressonância de angústias ou de processos reacionais às angústias dos pais.* [105]

Verdadeiramente não se pode pensar sobre o sintoma da criança sem procurar a causa dele nos pais.

Ora o que nos demonstra a clínica psicanalítica com os pais? É impressionante o que ocorre quando um casal consegue descobrir a verdade deles. Na medida em que se abre às intervenções, exatamente na medida em que se abre às palavras intervenientes na transferência, isto é, no momento em que o ato analítico ("momento de concluir") opera, ocorre uma transformação no casal (ou na mãe ou no pai ou em ambos) e o sintoma da criança desaparece.

Embora os sintomas do casal sejam mais complexos, sem dúvida nenhuma eles estão mais abertos às intervenções. Um casal psiquicamente disponível (não perverso), à procura de solução para sofrimento na vida familiar, certamente, abre-se às intervenções e se deixa tomar pelas verdades que vão sendo descobertas. A análise de pais visa, pois, descobrir "a verdade do casal", via sintoma do filho. Lacan faz questão de acentuar o paradoxo de que é mais complexo descobrir "a verdade do casal" através do sintoma do filho, mas, supondo um casal interessado e disponível, é também mais fácil a resolução do conflito, pois esse casal estaria mais receptivo às intervenções analíticas do que, por exemplo, através de todo um processo de análise da criança, ou a análise de apenas um dos genitores.

L'articulation se réduit de beaucoup quand le symptôme qui vient à dominer ressortit à la subjectivité de la mère. Ici, c'est directement comme corrélatif d'un fantasme que l'enfant est intéressé.	A articulação se reduz muito quando o sintoma que acaba dominando diz respeito à subjetividade da mãe. Aqui é diretamente como correlativo de um fantasma em que a criança está interessada.

Lacan sempre assinala a importância da mãe na questão da orientação da pulsão da criança. Se o sintoma diz respeito a um núcleo neurótico ou psicótico da mãe, a articulação dele se torna mais restrita. Exceto se a mãe for perversa, pois, nesse caso, o filho praticamente fica sem saída. Provavelmente, só lhe resta também perverter-se. Caso contrário, a articulação se reduz, já que o trabalho analítico penderá mais do lado da mãe.

A situação da criança fica difícil quando ela é mera expressão de um fantasma da mãe. Sobretudo quando a mãe não a tem em conta de um sujeito com direito ao próprio desejo. A situação da criança torna-se difícil, senão um impasse, quando a mãe simplesmente a considera como um correlato de seu fantasma. E a criança, sujeitada à lei da mãe, acaba se submetendo a esse papel, afastando-se cada vez mais do desejo próprio e da própria subjetividade. Ela passa a ocupar um lugar perigoso: o de complemento da mãe, o fálus que ela não tem. Nesse caso, a articulação de sua subjetividade se complica, pois a função paterna do nome-do-pai fica cerceada. Ora, a criança só pode ter acesso ao seu desejo se o pai a castrar da mãe. Daí, a seguinte reflexão de Lacan:

La distance entre l'identification à l'idéal du moi et la part prise du désir de la mère, si elle n'a pas de médiation (celle qu'assure normalement la fonction du père) laisse l'enfant ouvert à toutes les prises fantasmatiques. Il devient "l'objet" de la mère, et n'a plus de fonction que de révéler la vérité de cet objet.	A distância entre a identificação com o ideal de ego e a parte tomada pelo desejo da mãe, se esta não tiver mediação (aquela que normalmente a função do pai assegura) deixa a criança aberta a todas as tomadas fantasmáticas. Ela se torna o "objeto" da mãe e não tem outra função que a de revelar a verdade desse objeto.

A complicação que explanamos provém do conflito em que a criança fica manietada ante o ego ideal de seu horizonte subjetivo, que tenta afirmar, e a prisão do ideal de ego dos desejos de sua mãe, que lhe tolhem os passos. A saída possível desse impasse seria um socorro provindo da função paterna. A função paterna é a função terciária, é a introdução do Outro nessa relação dual sem saída. Mas, como precisamente diz Lacan:

> *Aquilo sobre o qual nós queremos insistir é que não é unicamente da maneira como a mãe se acomoda com a pessoa do pai que conviria se ocupar, mas do caso que ela faz de sua fala, digamos a palavra, de sua autoridade, dito de outro modo, do lugar que ela reserva ao Nome-do-Pai na promoção da lei.*[106]

Estamos aqui diante de uma constatação clínica fundamental. Trata-se de um princípio extraído da clínica: "Depende do caso que a mãe faz da palavra do pai". A maneira como a criança recebe a Lei, assimila valores, orienta suas escolhas "depende do caso que a mãe faz da fala, da autoridade do pai". Esse princípio é verificado na clínica diária. A valorização ou a desvalorização que a mãe faz do pai, de seus atos, de suas ordens, de seu discurso marcam a criança para todo sempre. A função da mãe é algo paradoxal: tanto pode propiciar um desenvolvimento equilibrado para a criança como pode desestabilizá-la. Nada mais prejudicial para a criança que uma posição ambivalente ou, pior, perversa da mãe, isto é, aquela que simplesmente tenta minimizar ou eliminar a função paterna. Isso resulta numa ação devastadora na normativização pulsional e, conseqüentemente, na subjetivação do filho.

Nunca é demais procurar escutar especialmente o lugar que o pai ocupa no discurso da mãe e, conseqüentemente, o lugar que a criança ocupa no discurso de ambos. A subjetividade do filho não será senão o efeito desse discurso. A relação da conjugalidade repercutirá infalivelmente na relação de pais e filho. Portanto, caso a mãe não se deixe castrar pela função paterna, a criança estará em perigo, será presa fácil de todas as incursões dos desejos da mãe. Ela não passará de um "objeto" parcial a serviço dos fantasmas maternos e de seus avatares. A criança não terá outra função que, como "objeto" parcial, revelar a verdade desse próprio "objeto". Aí, o que fica comprometida é a sua subjetividade. Nesse caso, abrem-se caminhos para todas as patologias possíveis: psicoses, neuroses e perversões.

L'enfant réalise la présence de ce que Jacques Lacan désigne comme l'objet a dans le fantasme.	A criança *realiza* a presença daquilo que Jacques Lacan designa como objeto *a* no fantasma.

Freud, em *Três ensaios sobre a sexualidade*,[107] adverte sobre a importância da relação de objeto na construção da subjetividade humana.

Primeiro, situa a eleição de objeto como fundamental dos três aos cinco anos: *Inteiramo-nos de que as crianças de três a cinco anos de idade são capazes de uma mui clara eleição de objeto, acompanhada de fortes afetos.*[108] Segundo, depois de afirmar: *Para completar o quadro da vida sexual infantil, é preciso acrescentar que freqüente ou regularmente já na infância se consuma uma eleição de objeto como a que supusemos características da fase de desenvolvimento da puberdade*,[109] propõe um duplo tempo nessa eleição de objeto: o primeiro, o acima exposto, de três a cinco anos, e o segundo *vem com a puberdade e determina a conformação definitiva da vida sexual.*[110]

Passado o período de latência: *Os resultados da eleição infantil de objeto se prolongam até uma época tardia; ou bem se conservam tais quais ou bem experimentam uma renovação na época da puberdade.*[111] De todo modo, não paira dúvida de que *do lado psíquico consuma-se o encontro de objeto preparado desde a mais tenra idade*[112] e, por isso, *o encontro de objeto é propriamente um reencontro.*[113] Esse objeto, "sacado dos objetos" assim se comporta em sua dinâmica: *Ademais, podemos conhecer, quanto aos destinos da libido de objeto que é sacada dos objetos, ela se mantém flutuante em particulares estados de tensão e, por último, é recolhida no interior do ego, com o qual se converte de novo em libido egóica.*[114]

Esse objeto, também apreciado de maneira particular por Karl Abraham, tornou-se em Lacan o ápice de suas considerações teóricas e o fundamento do tratamento psicanalítico. Foi ele que refinou o conceito de objeto em psicanálise, explicitando sua máxima importância na constituição da subjetividade do ser humano.

O objeto, denominado objeto *a* por Lacan, foi uma sacada genial. É interessante notar que a língua portuguesa tem um vocábulo e seus derivados que exprimem de maneira feliz o processo primário da constituição dos objetos no inconsciente. Trata-se do verbo *aviar* e seus derivados que por várias vezes empregamos neste livro. Aviar origina-se de a+via+ar. Literalmente, seria "abrir via". Ora, a idéia de objeto *a* encontra aqui uma ditosa saída. De fato, a pulsão se representa sem cessar, mas ela não teria ancoragem no real se não se singularizasse, encarnando-se num objeto. O termo *Bahnung* (plural: *Bahnungen*) usado por Freud no *Projeto* e retomado em *Além do princípio do prazer* e traduzido em português por "facilitação", poderia ser evocado, mas aqui traduzo por "caminho", "via" que o sistema nervoso segue em suas mensagens e a pulsão em suas representações. Temos assim em português que a palavra "aviar" pode exprimir de maneira auspiciosa o que Freud descobre e o que Lacan propõe: a+via+ar, a-viar. A pulsão só se representa em subjetividade concreta na medida em que haja um objeto *a* que a a-vie; a-viamento da pulsão é abrir-lhe caminho (*bahnen*) sobretudo para a sublimação.

Na loucura, a pulsão, não a-viada, explode na sideração de alucinações e delírios. É o desmoronamento abissal da subjetividade, pois o sujeito passa a ser falado e pouco ou nada fala mais. Aparece no real (delírio, alucinação) o que foi negado na simbolização de um objeto *a*. Sem a ancoragem deste real, um objeto *a* que o encarnasse, um objeto *a* "letra" desse corpo, a representação irrompe do Outro com o anúncio da tragédia. No acolhimento da mensagem, está o segredo onde a suplência da ponte poderá vincular as bordas do abismo. Realmente, a "escolha de objeto" não houve nem haverá: foraclusão, o objeto ficou fora da inclusão.

Um dia, Serge Leclaire, por ocasião de um simpósio sobre psicanálise no Rio de Janeiro, disse-me que essa descoberta do objeto *a* seria suficiente para consagrar Lacan como inovador na psicanálise. E de fato, ao propor a escolha de objeto como uma álgebra – *a* de "autre", outro –, Lacan formalizou o conceito e permitiu que essa relação fosse explicitada.

Primeiro, fica evidente que toda relação de objeto é uma relação parcial, jamais uma relação total ou totalizante, uma vez que esse "objeto" é apenas um "outro", um resquício da realidade. Ao nomear o "objeto" de *a*, explicita-se que o objeto é sempre parcial, ele é um puro resto, é o que sobrou de uma operação psíquica entre o sujeito e o outro; que o objeto é *outro*, porque o que da realidade se imprime no inconsciente pelo processo primário é sempre outro daquele que a realidade apresenta; que é verdadeiramente um "outro", pois não o podemos ver ou contemplar; que, como um outro que absolutamente nos escapa, cabe-lhe bem a simples denominação de "objeto *a*"; que esse objeto *a* não é único, mas múltiplos, infindos, pois de tudo que vemos ou de tudo com que entramos em contato, tenhamos ou não consciência desse "tudo", "algo" se grava em nosso inconsciente mediante o processo primário, para nunca mais se apagar; que esse "objeto" gravado jamais fica parado, movimentado que está pela força da pulsão, "força constante", e, tal como um astro errante, que sempre retorna pela mesma órbita ao perfazer seu périplo, infalivelmente o "objeto *a*" retorna ao foco de nossa concupiscência, acendendo o desejo que lhe é correspondente, pois esse objeto é libidinizado e libidinizável; que ele é um *prêt-à-porter* que, a qualquer momento, podemos (in)"vestir" ou não; que esse retorno continua a ser efetuado sempre que uma fantasia ou algo do mundo externo relacionado a ele entre no radar de nosso ego; que esse "objeto *a*" não é, logicamente, especularizável, sua presença se faz notar como um chamado concupiscente, um estímulo que, para nós humanos, apresenta-se em forma de **desejo**; que, então, a causa do desejo é a presença do "objeto *a*" na tela de nosso ego; que o objeto *a* "presente" em nosso fantasma nos dá a "garantia", a certeza implícita de que estamos inseridos no mundo, na realidade; que, paradoxalmente, ele nos fornece a sensação de concretude de nossa presença nesse mundo; que, em virtude disso, esse objeto *a* nos permite pôr distância do grande Outro, isto é, não ser dominado por ele, o que seria o caso do louco. Finalmente, assinalemos ainda duas funções para o objeto *a*: primeiro, Lacan reduz a posição do analista à função do objeto *a*, pois ele, no processo de transferência, ocupa o lugar de despertar no paciente o desejo de se conhecer em seus sintomas e de conhecer, por fim, o sentido de seu *synthoma*; segundo, ao conceber o "aparelho" psíquico na relação dos três registros, real, imaginário e simbólico, reserva ao objeto *a* o lugar de consistência deles, isto é, na interseção dos três. Concluindo, ele é a ponte entre o *Innenwelt* e o *Umwelt*. Ele é um canalizador de gozo.

Recorramos, de novo, ao matema do fantasma. Temos, então, que a criança (o ser humano) é determinada pelo discurso parental **e** pelos objetos *a* que a vão singularmente estruturando em relação ao mundo das realidades. Lacan desdobra essa afirmação da seguinte maneira:

$$\$ \lozenge a$$

Entenda-se:
$\$$ = sujeito barrado
a = objeto *a*
$\lozenge$ = união - desunião
junção - disjunção
inclusão - exclusão
desejo de *a*

O sujeito, pois, se constitui por uma dupla face: de um lado, pelo significante (essencialmente aquele que o nomeia, o S1), pois trata-se de um *fal'ente*, um ente que fala, isto é, um ente cuja morada, cujo ser, é a palavra. "A palavra é a morada do ser", dizia Heidegger. Alienado de si na palavra, o ser humano está condenado a viver no exílio de si mesmo, sempre dividido entre a representação e si mesmo. Os destinos da pulsão lhe impingem uma sina inexorável, uma ex-sistência fora de sua essência. Eis por que seu lote é essencialmente a falta-para-ser.

LACAN: A CRIANÇA, SINTOMA DOS PAIS

Rimbaud pôde escrever: "eu é outro". E Fernando Pessoa vivenciou essa verdade em inúmeros versos. Sua obliqüidade sempre lhe mostrou a realidade desse destino de *fal'ente*:

> *Emissário de um rei desconhecido.*
> *Eu cumpro informes instruções de além,*
> *E as bruscas frases que aos meus lábios vêm*
> *Soam-me a um outro e anômalo sentido...*

> *Que destino contínuo se passa em mim na treva?*
> *Que parte de mim, que eu desconheço, é que me guia?*

> *O meu destino tem um sentido e tem um jeito,*
> *A minha vida segue uma rota e uma escala,*
> *Mas o consciente de mim é o esboço imperfeito*
> *Daquilo que faço e que sou; não me iguala.*

> *Não me compreendo nem no que, compreendendo, faço.*
> *Não atinjo o fim ao que faço pensando num fim.*[115]

> *Se o homem fosse, como deveria ser,*
> *Não um animal doente, mas o mais perfeito dos animais.*
> *Animal directo e não indirecto,*
> *Devia ser outra a sua forma de encontrar um sentido às cousas,*
> *Outra e verdadeira.*[116]

> *Sim, antes de sermos interior somos exterior.*
> *Por isso somos exterior essencialmente.*[117]

De outro lado, o sujeito humano não é pura representação. Movido que é não por instinto, mas por pulsão, isto é pelo representante da representação dela, essa representação inevitavelmente vem recheada de carga afetiva, com uma força especial que denominamos *desejo*. Logo, é preciso entender a estrutura do sujeito como apoiada, determinada pelo objeto que sustenta esse desejo, isto é, o objeto *a*. O objeto *a* é o real do sujeito.

O objeto é *objeto sacado dos objetos*, dizia Freud. O objeto *a*, diz Lacan, é uma letra, uma escrita absolutamente singular, é estampa do sujeito. É por isso que em seu retorno o sujeito se "lê" nele numa forma específica de um desejo unicamente seu. O sujeito é seu objeto. Eis porque, trabalhando o significante (o representante), interpretando-o, simultaneamente alteramos, modificamos ou anulamos a carga afetiva que faz sofrer. E cessando o sofrimento cessa a análise, pois a análise trata do "real enquanto ele é o impossível de ser suportado". Com outras palavras, não nos ocupamos do afetivo e, sim, do significante que o encarna e lhe dá sentido.

O desejo, humana sina, simplesmente porque o homem é um *fal'ente*, é por excelência uma fatalidade inerente à linguagem, *é a pulsão representada*. Trata-se de um além e um aquém da necessidade. Aqui a falta-para-ser fecha o ciclo, pois o desejo é simplesmente insaciável. Sempre que pensamos realizá-lo, ele brota com energia redobrada. Fernando Pessoa descreve o desejo de maneira admirável:

> *Sou o intervalo entre o que desejo ser e os outros me fizeram.*

> *O segredo da Busca é que não se acha.*

> *Para onde vai a minha vida, e quem a leva?*
> *Por que faço eu sempre o que não queria?*

> *Não sou eu quem escrevo. Eu sou a tela*
> *E oculta mão colora alguém em mim.*[118]

Isso exposto, elucida-se que a fórmula lacaniana do fantasma é um rico achado. O sujeito, barrado (trata-se de um *fal'ente*), movido pelo desfile de objetos que constituem seus desejos, é chamado a descrever sua órbita neste mundo, com a imposição ética de não abrir mão deles, uma vez conhecidos: "Não cederás ao teu desejo" (Lacan). Mannoni conclui:

> *O lugar do objeto no fantasma funciona como isca, ao nível do desejo secundário. O desejo é dessa forma chamado a fracionar-se sem cessar, e quando o objeto da demanda é satisfeito uma parada se opera no movimento que*

*conduz o sujeito; o fantasma surge no instante em que o desejo não mais
existe, a fim de jogar novamente o sujeito no caminho do desejo do objeto
substitutivo.*

*O sujeito marcado pelo significante é, ao mesmo tempo, separado e encade-
ado ao objeto do fantasma; na sua procura artificiosa é levado a colocar no
outro o objeto do fantasma, fazendo do outro o suporte e o apoio de uma
falta fundamental.*[119]

Ora, voltemos ao filho. Mesmo antes de a criança vir ao mundo
ela já se constitui como objeto dos ideais dos pais, especialmente da mãe.
Nascida, conforme vai crescendo, vai se tornando a concretização desses
ideais e todos os acertos e falhas são possíveis, ou seja, a criança *realiza*
(para a mãe) a presença daquilo que Jacques Lacan designa como objeto *a*
no fantasma, o objeto do desejo da mãe. A tarefa da existência do filho será
a de concretizar seus próprios desejos, conciliando-os com os desejos dos
pais ou deles se libertando.

Na escuta analítica de pais, é preciso detectar no discurso deles, mas
sobretudo no da mãe, em que, quanto ou quando a criança ocupa o lugar
de puro "objeto *a*" da mãe, nesse caso, objeto estritamente obturador.

Exemplo disso é o caso de Marta. Sua mãe, desde a concepção, tomou-
a como objeto de seu gozo. Continuamente, formulava o seguinte voto:
"Não quero que ela cresça. Quero que permaneça sempre minha boneca".
Marta cresce com traços obsessivos. Ao entrar na puberdade, no momento
em que se tornava mulher, como a mãe, não encontrou um significante
que sustentasse a passagem. Psicotizou-se. Em sua alucinação, recusava-se
a entrar em seu quarto, pois dizia ver um homem escondido no guarda-
roupa. Não podia ter acesso a seu desejo de mulher, pois a "sentença" da
mãe a mantinha como puro "objeto *a*". Por isso, o homem que poderia ou
deveria ser objeto dela como mulher estava lá, guardado como uma "roupa",
que ela desejaria vestir em seu corpo, mas que mantinha guardada. Todavia,
para poder satisfazer o desejo da mãe, Marta transformou essa "roupa", esse
homem, num fantasma, num "vulto", no horror de um assaltante, que, em
vez de amante, ela tinha em conta de pura ameaça. Numa análise de pais,
a mãe conseguiu desatar-se desse seu "objeto" ("boneca") e, aos poucos,
Marta conseguiu despegar-se da mãe e assumir seu corpo e o desejo que

nele brotava. Avisei os pais que, um dia, a doença voltaria, pois Marta teria de dar conta do estrago psíquico ocorrido nela. Mas, dessa feita, ela iria dar conta sozinha do processo de sua cura. Marta ingressou na faculdade de medicina e, chocada com os corpos na sala de anatomia, encontrando referentes mortos de corpo de mulher e de corpo de homem, viu-se invadida dos mesmos sintomas do início de sua adolescência. Uma psicanalista soube suportar sua loucura: ofereceu-lhe sua escuta de mulher, permitindo que a paciente encontrasse para o significante faltante (foraclusão: "mulher", provavelmente) uma suplência mediante a qual pôde reconstruir a rede subjetiva de seus desejos. A jovem conseguiu superar a doença e prosseguir nos estudos. Tudo seguiu de maneira muito mais simples: a volta de seus sintomas já não contava com o núcleo patógeno da mãe – *ablata causa, tollitur effectus*, retirada a causa, cessa-se o efeito. Assim, Marta pôde desvencilhar-se rapidamente deles e crescer como sujeito de seus desejos. Hoje ela é médica e encontra realização na profissão.

Freud já observara que o excesso de carinho tem conseqüências sérias na vida de uma criança:

> *Sem dúvida, um excesso de ternura por parte dos pais resultará daninho, pois apressará a maturação sexual; e também criará mal a criança, fa-la-á incapaz de renunciar temporariamente o amor em sua vida posterior, ou contentar-se com um grau menor dele. Um dos melhores prenúncios de uma neurose posterior é que a criança se mostre insaciável em sua demanda de ternura com os pais; e, por outra parte, são quase sempre pais neuropáticos os que se inclinam a conceder uma ternura desmedida, e contribuem em grau notável com seus mimos para despertar a disposição da criança para contrair uma neurose.*[120]

E Freud acrescenta uma observação fundamental para a psicanálise:

> *Pelo resto, esse exemplo nos faz ver que os pais neuróticos têm caminhos mais diretos que o da hereditariedade para transferir sua perturbação a seus filhos.*[121]

Il sature en se substituant à cet objet le mode de manque où se spécifie le désir (de la mère), quelle qu'en soit la structure spéciale: névrotique, perverse ou psychotique.	Ao substituir esse objeto, ela (*a criança*) satura o modo de falta em que se especifica o desejo (da mãe), qualquer que seja a estrutura especial: neurótica, perversa ou psicótica.

O desejo da mãe, como qualquer desejo, será sempre por própria definição uma falta, não fosse senão a intenção de ter gerado o filho. Mas é isso que pesa, pois se trata de um sujeito! O filho, nesse caso, viria e seria usado como "preenchimento" dessa falta: *ela satura o modo de falta.* "O modo de falta" na mãe consiste na ausência de um fálus. Ora, é para ocupar esse lugar ("saturá-lo") que o filho é seduzido. Nesse caso, sua subjetividade estaria fadada aos destinos mais sombrios.

De todo modo, a castração da mãe, escapando a essa ilusão, encontra no filho sua saída, uma vez que o filho lhe proporciona *simbolicamente* a realização daquilo de que está despossuída. Uma mãe só se castra de seu filho se se guardar como objeto de desejo do pai dele e se tiver no filho a realização do puro desejo de ter um filho. Filho não desejado poderá ser filho rejeitado ou, quando muito, filho do dever. Porém, não filho do desejo. Com outras palavras, tudo depende da estrutura do desejo da mãe, mesmo a geração de um filho normatizado. Se essa estrutura for perversa ou psicótica, as conseqüências para o filho serão mais pesadas, senão drásticas. Maud Mannoni diz que é preciso três gerações para produzir um filho psicótico. O mesmo, sabemos pela clínica, se pode dizer de um sujeito perverso. Um homossexual não se faz numa só geração. Já um obsessivo (talvez a mais terrível das conturbações psíquicas) sim. Basta uma mãe que ao filho em tudo imponha seus desejos, sua maneira de ver o mundo e as coisas, para incapacitá-lo de abrir mão dos desejos dela.

O trabalho com os pais pode interromper essa seqüência ou conseqüência desastrosa para a geração em andamento, isto é, os filhos. E isso significa muito. De qualquer forma, o filho será vítima e/ou beneficiário da estrutura psíquica da mãe. Ele será convocado a ser o substituto do objeto que falta à mãe (fálus) ou, caso tenha a felicidade de ter uma mãe boa, isto é, aquela que sabe ser *suficientemente inútil,* ele terá a ventura de ter acesso crescente ao desejo próprio e à construção de sua subjetividade.

Il aliène en lui tout accès possible de la mère à sa propre vérité, en lui donnant corps, existence, et même exigence d'être protege	Ela (*a criança*) aliena em si todo acesso possível da mãe a sua própria verdade, dando-lhe corpo, existência e mesmo exigência de ser protegida.

A posição da criança-sintoma é comprometedora. Como vimos, ela simplesmente responde à falta na mãe. Ela-sintoma, desvia a atenção da mãe na busca de sua verdade própria. A mãe se aliena de sua verdade enquanto toma providências sobre o sintoma da criança e não cuida de que o problema está nela. A criança, oferecendo-lhe o corpo para ela dele cuidar, sempre se manifestando incapaz para a higiene pessoal, para a alimentação ou para a escolha da roupa, consagrando-lhe a existência, nada arriscando que não seja direcionado por ela ou imaginando que, sem a proteção dela, é impossível subsistir, o filho perpetua a sua infantilização e se incrusta como tampão, impedindo a mãe de ter acesso à verdade própria que ele oculta: a verdade que a criança paradoxalmente manifesta como sintoma da falta da mãe. Mãe e filho, em conivência sintomática, num jogo de esconde-esconde, "juram" incapacidade de modificar as coisas. Tudo sacramentado num "não consigo" perpetuado.

Tributo caro, esse de ser sintoma, essencialmente da mãe ou do discurso parental. Talvez pudéssemos dizer que não há possibilidade de ser pai e mãe sem que o filho seja sintoma, com certeza genético, senão psíquico, dos pais. Costumo dizer, numa comparação grosseira: do mesmo modo que um veículo vem com uma tara (peso) determinada de fábrica, não dá para ser filho sem portar certa tara familiar. O problema todo está no peso ou na densidade da estrutura parental. Neurótico, perverso ou psicótico são destinos possíveis, que espreitam o sujeito humano. A questão toda está no *quantum* os pais podem preservar os filhos de suas mazelas pessoais, nem sobre eles lançando suas falhas, nem deles usando para ilusoriamente as preencher e nem os predeterminando a ponto de privá-los de ter acesso aos próprios desejos.

O paradoxo dessa posição consiste em que a criança se constitui numa alienação, isto é, num obstáculo para a mãe descobrir a verdade dela. Exemplo claro é a mãe devotada em cuidados mínimos e obsessivos com a criança. E a criança a responder a esses desvelos com choro, inquietudes, agitações, insônia. Essa mãe simplesmente usa a criança para encobrir suas angústias, talvez de rejeição, confundindo cuidados com um amor que não consegue dar. Facilmente, essa criança poderá ser medicada até com psicotrópicos, pois a medicina objetiva obriga a concluir que o problema está nela, pois é ela que apresenta os sintomas. Só que tal conduta médica (a medicalização do psíquico) só agravará sua situação psíquica, como fica claro na afirmação subseqüente.

Le symptôme somatique donne le maximum de garantie à cette méconnaissance; il est la ressource intarissable selon les cas à témoigner de la culpabilité, à servir de fétiche, à incarner un primordial refus.	O sintoma somático dá a máxima garantia a esse desconhecimento; ele é o recurso inesgotável conforme os casos, a testemunhar culpabilidade, a servir de feitiço, a encarnar uma primordial recusa.

A alienação estrutural do *fal'ente* o condena a uma incessante e inescapável procura da verdade. Mas a verdade – *aletheia* – por definição, como disse Heidegger, é por excelência des-ocultação. Tirá-la do Letes, cuja travessia levava as almas ao esquecimento. Des-ocultar a verdade "esquecida" no sintoma.

O sintoma do filho caminha no sentido contrário: tem a finalidade de praticar uma ocultação, um desconhecimento de uma verdade perturbadora. Ora, toda verdade subjetiva perturba, pois é sempre destronamento de nossas "certezas imaginárias". Note-se que, aqui, Lacan explicita o sintoma: trata-se do sintoma *somático*. E *somatizar*, diz Perrier, *quer dizer que o corpo toma a palavra no lugar do espírito*.[122] Portanto, aquele sintoma de uma maneira ou de outra, aninha-se no corpo ou na fisiologia da criança, muitas vezes desafiando o diagnóstico médico e as tentativas de solução dos pais. "Sintoma somático": a dor de cabeça inespecífica, o não conseguir dormir, o choro, o alimento "voluntariamente" vomitado, o cocô retido, o xixi enurético, a garganta que não desinflama, a febre de repetição, a dermatite atópica, o balanceio, a automutilação, o ranger dos dentes, o sono agitado ou intermitente, a dor de barriga inesperada, o grudar-se na mãe em dia de festa, o morder a gola da blusinha até molhá-la inteira. Lembro-me de uma mãe, paciente minha, que tinha muita vergonha de aparecer em público com sua filha ou ir buscá-la na escola com a gola da blusinha molhada de saliva, porque a filha tinha a "mania" de mascá-la.

Uma infinidade de sintomas tão infinda, quanto infindo é o sujeito humano. Mas, de todo modo, fique assente que *as manifestações psicossomáticas exprimem a impossibilidade de passagem da angústia à expressão simbólica*.[123] O "sintoma somático" da criança, em primeira mão, é entregue ao médico, pois é ela que é a portadora de uma afecção, depois, a outros especialistas. É nesse jogo que esse tipo de sintoma "dá a máxima garantia a esse desconhecimento" da "própria verdade da mãe". Mas aí o caminho está aberto até para a criança se tornar feitiço (*fétiche*) encobridor da não-castração da mãe.

O sintoma da criança alimentado pela mãe precipuamente ou pelo pai (vide Schereber) se constitui numa fonte inesgotável a jorrar culpabilidade: dívida insaldável da mãe ou do pai com os pais, com a vida, a religião ou mesmo o bem-estar do filho. Este, então, recebe cuidados tais que se destinam à reparação ou à compensação de um saldo negativo jamais positivado. Mas, nesse caso, o filho leva a triste sina de ser moeda de troca. Isso não é infreqüente no caso em que a criança se destina a ocupar o lugar de outra, que morreu. Sobretudo quando leva o mesmo nome. Ingrato destino! Pior ainda quando o filho serve para cobrir a castração, driblá-la sem cessar, ao ser constituído como feitiço da perversão materna. Mas, talvez, o mais problemático se dê no caso em que o filho é colocado como sintoma de uma recusa primordial, simplesmente a recusa de querer ser mãe ou o repúdio do filho por ser esperado (a) um (a) e ter nascido outra (o). Trata-se de uma criança rejeitada no nascedouro; ela já vem ao mundo sem um lugar no discurso, ou melhor, no desejo da mãe ou do pai. Simplesmente fruto de uma rejeição inconsciente. Muitas vezes me pergunto: por que as mães que não querem ser mães, não se dão o sagrado direito de assim agir?

Bref, l'enfant dans le rapport duel à la mère lui donne, immédiatement accessible, ce qui manque au sujet masculin: l'objet même de son existence, apparaissant dans le réel. Il en résulte qu'à mesure de ce qu'il présente de réel, il est offert à un plus grand subornement dans le fantasme.	Em suma, a criança na relação dual com a mãe lhe dá, imediatamente acessível, o que falta ao sujeito masculino: o objeto mesmo de sua existência, aparecendo no real. Daí resulta que na medida daquilo que ela apresenta de real, ela é oferecida a um suborno maior no fantasma.

Lacan considera dois tipos de relação na construção da subjetividade humana: a *relação dual* e a *relação terciária*. A relação dual é sempre uma relação sem saída, em que pese a proposta de Hegel de que a luta de prestígio do senhor e do escravo teria uma solução no final da história. A relação dual é sem saída, porque gera o impasse da submissão do outro e, daí, a morte (subjetiva ou física) do outro. A criança facilmente pode ser submetida ao desejo da mãe: a criança "aparecendo no real" como "objeto de sua existência" é um campo aberto às projeções de seus ideais, de suas frustrações, de suas irrealizações ou de suas manipulações. Açambarcado o acesso da criança a sua subjetividade três hipóteses se abrem: se for pleno, a criança será autista, se parcial será neurótica ou psicótica. Quanto mais a criança se presta a essa sedução inescapável mais ela será subordinada no fantasma com a ilusão de poder ser amada, compreendida e, em contrapartida, poder preencher a falta da mãe. Relação mortífera, pois dela a criança não tem saída, ou seja, ela fica sem acesso ao desejo próprio, portanto, à própria subjetividade.

A relação terciária, entretanto, aquela em que a mãe "faz caso da palavra do pai", é uma relação benfazeja, que encontra uma "inscrição" terceira na linguagem. Terciária, porque a mãe, castrada, não permite que o filho ocupe o lugar da falta ou do complemento daquilo que ela não tem. Ocupando o lugar terceiro a criança se encontra no ápice da relação triangular do Édipo, em possível eqüidistância do pai e da mãe, deles se separando conforme puder dispensá-los. Daí decorre que a mãe ideal é aquela que sabe *ser inútil* para a criança, a fim de que seja independente na hora e na idade certas. Apenas a relação terciária permite que a criança tenha acesso ao seu desejo e assim vá constituindo sua subjetividade. A nomeação (nome do pai) é o primeiro passo para que a criança se ordene nessa relação. O nome que ela porta e que verdadeiramente a porta, coloca-a como terceira entre o pai e a mãe, entre ela e o Outro. A função paterna, o nome-do-pai, é o princípio ordenador que preserva o desejo da mãe para com o pai, separa a criança do desejo da mãe, institui a diferença sexual e lhe concede acesso ao desejo próprio. Propriamente dito, é nisso que se constitui a castração. Ora, a castração é simplesmente determinante, como diz Lacan, para a normalidade e a anormalidade. A normalidade proposta por Lacan não é a busca de uma maior ou menor conformidade a um padrão externo ou interno ou a adequação a normas psíquicas ou sociais. Muito menos poderíamos entender normalidade ou anormalidade segundo definições ou descrições propostas pela psiquiatria ou pela psicologia. *Se o temor da castração*, afirma Lacan, *é o princípio da normalização sexual, não nos esqueçamos que carregando sua dúvida sobre a transgressão que ela proíbe no Édipo, ela afeta um tanto quanto a obediência, detendo-a em sua inclinação homossexual.*[124]

Normalidade em psicanálise, longe de ser um conceito, é uma realização produzida pelo grau de castração. Quanto mais castrado um sujeito, menos neurótico ele é, isto é, menos sofre diante das provações da vida. Quanto mais castrado um sujeito, mais apto ele é para transformar suas fraquezas em força criativa (sublimação), mais capaz ele é para enfrentar os sofrimentos da vida e o cumprimento dos deveres. *A castração*, diz Lacan, *quer dizer que o gozo seja recusado, para que possa ser atingido sobre a escala revertida da lei do desejo.*[125] E o mesmo Lacan conclui: *É, pois, a assunção da castração que cria a falta de que se institui o desejo.*[126] A recusa em estagnar-se no gozo liberta o sujeito em sua subjetividade e lhe faculta a abertura para se realizar e criar, isto é, sublimar. Normalidade não consiste em qualquer parâmetro fictício ou imaginário. A normalidade está na razão direta de indefectivelmente se pautar pelo real. É por isso que a melhor definição da clínica psicanalítica é aquela cujo objeto é o real enquanto insuportável. Concluindo, a castração de um sujeito se concretiza em sua capacidade de sublimação.

Em resumo, a relação dual é sempre prejudicial para a criança, como o é em terapias. Nessa relação, o sujeito masculino, aquele a quem falta a possibilidade de gerar, de produzir um real-corpo, presta-se de maneira particularmente propícia a um suborno maior por parte da mãe. Ele pode funcionar como um obturador da falta da mãe, uma vez que se apresenta não apenas no fantasma dela, mas no real da existência. Resultado: na fragilidade da sua existência, na sua impotência radical (*helplessness*), a criança, quando não respeitada como sujeito, torna-se presa fácil das falhas da mãe e não terá outra saída senão ser sintoma dos problemas dela.

LACAN: A CRIANÇA, SINTOMA DOS PAIS

Semble-t-il à voir l'échec des utopies commu-nautaires la position de Lacan nous rappelle la dimension de ce qui suit. *La fonction de résidu que soutient (et du même coup maintient) la famille conjugale dans l'évolution des sociétés, met en valeur l'irréductible d'une transmission – qui est d'un autre ordre que celle de la vie selon les satisfactions des besoins – mais qui est d'une constitution subjective, impliquant la relation à un désir qui ne soit pas anonyme.*	Vendo o fracasso das utopias comunitárias, parece que a posição de Lacan nos lembra a dimensão do que segue. A função de resíduo que sustenta (e ao mesmo tempo mantém) a família conjugal na evolução das sociedades valoriza o irredutível de uma transmissão – que é de outra ordem que aquela da vida segundo as satisfações das necessidades – mas que é de uma constituição subjetiva, implicando a relação com um desejo que não seja anônimo.

Todas as tentativas de criar a criança em comunidades coletivas (experiência, por exemplo, na Alemanha de Hitler ou da Rússia comunista) fracassaram redondamente. De outro lado, crianças de pais mortos em guerra e criadas em creche ou, mesmo nos dias de hoje, crianças em creches, tratadas de maneira coletiva, com rodízio de babás ou enfermeiras não ligadas à criança de maneira permanente, apresentam severas patologias de hospitalismo: incapacidade de alcançar a estrutura do Eu, ausência da dimensão do outro, impossibilidade de usufruir da subjetividade e do acesso ao desejo próprio, ausência do Outro, com severa conseqüência para a dimensão simbólica. Com graves limitações na estrutura imaginária e no registro do simbólico, essas crianças apresentam sintomas que são a prova concreta da falta do Outro: transitivismo prolongado, automutilação, mordidas no próprio corpo, a fim de buscar identidade por meio da dor, balanceio, auto-erotismo repetitivo, descontrole fecal e urinário, *facies paralisada*, sem expressão de alegria ou vida, olhar vago, muitas vezes marasmo e morte. Esses sintomas, como é sabido, foram descritos por Spitz, Anna Burlingham e John Bowlby.

Lacan constata que dificilmente o ser humano tem saída fora da estrutura familiar. As experiências fora dessa estrutura e as patologias constatadas parecem comprovar a fundamentação dessa concepção. Pondera Lacan:

Mesmo se as lembranças da repressão familiar não forem verdadeiras, seria necessário inventá-las, não se falha nisso. O mito, é isso, a tentativa de dar forma épica àquilo que se opera pela estrutura... A ordem familiar não se fez senão traduzir que o Pai não é o genitor e que a Mãe permanece a contaminar a mulher para o filhote; o resto segue.[127]

A família, minimamente família, é absolutamente necessária para a viabilização do sujeito humano. A construção da subjetividade humana é muito complexa. Ela só pode se efetuar pela referência *constante* à mãe e ao pai ou aos que tais possam ser.

Com o processo da globalização, vivemos num mundo literalmente desmontado. A família tomou tantas formas que já não podemos falar de "a família". A "produção independente" se multiplicou mundo afora. O pai como "chefe" de família tornou-se um conceito fluido. Cada vez mais, como observou Lacan, a função paterna se dilui em todas as sociedades. A mulher, por sua vez, sempre conquistando mais posições no mundo, na sociedade, na esfera das funções públicas e liberais, está longe de ter alcançado um lugar que lhe permita uma identidade tranqüila. Exemplo disso é aquilo que se achou por bem de designar como "dupla jornada".

Hoje, já não falamos em *paterfamilias* ou no pátrio poder. Falamos simplesmente de *autoridade parental* ou *autoridade familiar,* valendo esse conceito tanto para o pai quanto para a mãe.

As relações conjugais tornaram-se mais tensas, com, no fundo, uma disputa de papéis e de poder ou, talvez, com uma indefinição das funções ou mistura delas. Hoje, há múltiplas formas de família, que se distanciam dos modelos nucleares da família matriarcal e da patriarcal. Mas talvez a característica mais acentuada das famílias pós-modernas seja a flacidez do vínculo matrimonial. Note-se também a tendência de se constituírem casais temporais sem muita preocupação com a efetivação legal da ligação.[13]

---

[13] Elizabeth Roudinesco chega à seguinte conclusão sobre as famílias pós-modernas: *Finalmente, para os pessimistas que pensam que a civilização corre o risco de ser engolida por clones, bárbaros bissexuais ou delinqüentes da periferia, concebidos por pais desvairados e mães errantes, observamos que essas desordens não são novas – mesmo que se manifestem de forma inédita – e sobretudo que não impedem que a família seja atualmente reivindicada como o único valor seguro ao qual ninguém quer renunciar. Ela é amada, sonhada e desejada por homens, mulheres e crianças de todas as idades, de todas as orientações sexuais e de todas as condições. É claro porém que o próprio princípio da autoridade – e do logos separador – sobre o qual ela sempre se baseou encontra-se atualmente em crise no seio da sociedade ocidental.*

Além disso, a pós-modernidade, sobretudo com a globalização, diluiu os limites dos hábitos e costumes dos povos e a intercultura faz parte de nosso cotidiano. Os limites de pátria, de língua e de povos estão ruindo, como real e simbolicamente ruiu o muro de Berlim. Um pouco antes, maio de 1968 na França representou a mudança radical da modernidade para a pós-modernidade. É a partir daí que 1970 é considerado fim do século 20. Maio de 1968, com a subseqüente renúncia do general De Gaulle, teve conseqüências definitivas na passagem da modernidade para a pós-modernidade. Na França, o reflexo dessa verdadeira convulsão social contra as certezas do saber instituído está explodindo na geração atual de adolescentes e crianças. Disciplina, respeito aos pais e aos professores estão cada vez mais ausentes nas novas gerações. A pergunta feita então, e agora repetida, é a mesma: que efeito terá sobre as gerações vindouras essa incrível quebra ou atenuação da função paterna? É interessante verificar como, cada vez mais, o pai pós-moderno não raro se apresenta como uma figura assustada, atônita, às vezes até imbecil, e a mulher, a mulher-mãe, a tomar a dianteira.

Se, por um lado, Lacan verifica o fracasso das "utopias comunitárias", que pensar dessa posição da função paterna *in fading*? Ele não hesita em mostrar sua preocupação:

Mas um grande número de efeitos psicológicos nos parece depender de um declínio social da imago paterna. Declínio condicionado pelo retorno de efeitos extremos do progresso social no indivíduo, declínio que se marca, sobretudo em nossos dias, nas coletividades que mais sofreram esses efeitos: concentração econômica, catástrofes políticas. Declínio mais intimamente ligado à dialética da família conjugal, já que se opera pelo crescimento

---

Por um lado, esse princípio se opõe, pela afirmação majestosa de sua soberania decaída, à realidade de um mundo unificado que elimina as fronteiras e condena o ser humano à horizontalidade de uma economia de mercado cada vez mais devastadora, mas por outro incita incessantemente a se restaurar na sociedade a figura perdida de Deus pai, sob a forma de uma tirania. Confrontada com esse duplo movimento, a família aparece como a única instância capaz, para o sujeito, de assumir esse conflito e favorecer o surgimento de uma nova ordem simbólica. A família do futuro deve ser mais uma vez reinventada. (*A família em desordem.* Rio de Janeiro: Jorge Zahar, 2003, p. 198-199).

relativo muito sensível, por exemplo, das exigências matrimoniais na vida americana. (...) Qualquer que seja seu futuro, esse declínio constitui uma crise psicológica.[128]

Se nossa função de psicanalista é a de incondicionalmente acolher o paciente (ou a família) cujo real faz sofrer, com Freud, continuamos a desconfiar do progresso. Ele é inevitável, mas, incrivelmente, pouco tem contribuído para a justiça, a igualdade e a paz entre os homens. Mais ainda, o mundo atual, com imensos avanços em todos os campos da ciência e da tecnologia, está a impor a mais cruel e impiedosa divisão entre os homens, a tenebrosa partilha entre os incluídos e os desesperadamente excluídos. O mal-estar da civilização atual (fome, violência, culto do imaginário, imperativo da lei de mercado, consumismo, guerras, fanatismos religiosos, aids) é extremamente perturbador. A verdade é que nós, psicanalistas, diante de tantas "mutações", temos mais perguntas que respostas. Fato é que estamos num momento de passagem e estamos imersos na massa humana que se transforma. Não temos recuo para verificar para onde iremos nem para ver que tipo de família ou sociedade viveremos.

Que será dessa geração em que a função paterna pouco se faz presente ou está simplesmente ausente? Que subjetividade terão, por exemplo, os filhos da homopaternidade? Que identificação sexual lhes será facultada, onde a figura de um homem definido e de uma mulher definida podem não acudir para marcar a diferença sexual?

O transporte puro e simples de significantes ("casal", "marido", "mulher", "pai", "mãe", "filho") que apreendem a relação heterossexual da família para a união homoerótica é inepto e ilusório. Não se brinca com as palavras. Elas apreendem um real ao delimitar a realidade. Haveria de se inventar outros significantes que conseguissem exprimir outras formas de união! Como, por exemplo, ficaria a função paterna encarnada num homem que afirmasse ser a mãe da criança? Ou numa mulher que se propusesse a ser pai da criança? Ou para uma criança que ouve o tempo todo que tem dois pais ou duas mães? Que identificação lhe está sendo oferecida se, ao crescer, ela verá claramente entre os seus colegas que a paternidade é exercida por um homem e a maternidade por uma mulher *tout court*? Que será de

LACAN: A CRIANÇA, SINTOMA DOS PAIS

um adolescente crescido nessas condições, ao verificar que o homoerotismo não tem possibilidade de gerar um filho?[14]

Perguntas, perguntas. Uma coisa é defender uma idéia acadêmica, ou mesmo uma ideologia, outra é aquela com que lidamos diuturnamente na clínica: o real insuportável, dolorosamente insuportável do sofrimento humano. De todo modo, os casamentos homoeróticos e as adoções de filhos por casais homoeróticos estão acontecendo e, provavelmente, não deixarão de acontecer. Se aos psicanalistas incumbe a tarefa de recriar a psicanálise em cada novo paciente, aqui se trata de uma oportunidade ímpar, já que não dispomos de dispositivo teórico que nos subsidie. Valeria um Édipo analógico? Como funcionaria a castração? Penso, apenas, que nossa escuta tem a chance de ser mais desapegada ainda. Nem Freud nem Lacan ou outros mestres consagrados tiveram essa tarefa diante de si. Sobretudo para Freud, acredito que ele nem sequer pudesse imaginar essa forma de família.

Que pensar da subjetividade de filhos de laboratório, cuja paternidade se restringe a um espermatozóide descongelado? Como viverão essas crianças na sociedade? Que castração alcançarão elas para normatizar a pulsão e transformá-la em energia sublimatória? Toda paternidade (ou maternidade) tem de ser responsável, pois trata-se da felicidade ou infelicidade de um ser humano indefeso, radicalmente incapaz de traçar o destino de suas pulsões. Como poderão ser sujeitos de desejo se a presença e a ausência dos

---

[14] Elizabeth Roudinesco faz a seguinte reflexão: *Para além do ridículo das cruzadas, das especializações e dos preconceitos, será preciso efetivamente admitir um dia que os filhos de pais homossexuais carregam, como outros, mas muito mais que os outros, o traço singular de um destino difícil. E será preciso admitir também que os pais homossexuais são diferentes dos outros pais. Eis por que nossa sociedade deve aceitar que eles existem tais como são. Ela deve lhes conceder os mesmos direitos. E não é obrigando-se a serem normais que os homossexuais conseguirão provar sua aptidão a criar seus filhos. Pois, ao buscarem convencer aqueles que os cercam de que seus filhos nunca se tornarão homossexuais, eles se arriscam a lhes dar, de si próprios, uma imagem desastrosa. (...)* **Em seu inconsciente da infância, os filhos herdam de seus pais, de seu desejo e de sua história o mesmo que de uma diferença sexual. E, quando são adotados ou oriundos de uma procriação assistida, que dissocia a reprodução biológica do ato sexual e do parentesco social, não saem incólumes das perturbações ligadas a seu nascimento.** *E aliás foi de fato para se proporcionar a ilusão de uma possível erradicação dessa dissociação que a ordem social sempre buscou* **mascarar** *as origens daqueles que haviam sofrido tais desordens (op. cit., p. 195).*

pais não lhes instituírem a falta? Toda conquista dos discriminados só tem sentido se for vivida como realização humana, subjetiva. Desde que seja vivenciada como desafio, provocação, luta de prestígio ou mera imitação, trata-se mais de uma reivindicação ou de uma desforra do que de realização subjetiva e social. Assim a adoção de filhos por homossexuais não poderia se caracterizar por esse imaginário, pois certamente haveria conseqüências com prognósticos sombrios.

Por mais que a crise se instale, Lacan não deixa de insistir sobre a necessidade da família (por mínima que seja) como sustentação da criança e da formação do homem. Em *Os complexos familiares*, ele insiste:

> *Entre todos os grupos humanos, a família desempenha um papel primordial na transmissão da cultura. Se as tradições espirituais, a manutenção dos ritos e dos costumes, a conservação das técnicas e do patrimônio são com ela disputados por outros grupos sociais, a família prevalece na primeira educação, na repressão dos instintos, na aquisição da língua acertadamente chamada de materna. Com isso, ela preside os processos fundamentais do desenvolvimento psíquico, preside essa organização das emoções segundo tipos condicionados pelo meio ambiente, que é a base dos sentimentos...; mais amplamente, ela transmite estruturas de comportamento e de representação cujo jogo ultrapassa os limites da consciência. (...)Ela estabelece desse modo, entre as gerações, uma continuidade psíquica cuja causalidade é de ordem mental.*[129] [15]

Continuando nosso comentário, poderemos constatar que Lacan explana o que ele entende por "causalidade de ordem psíquica" da família. No texto que tentamos explicitar, ele fala de um *resíduo* que sustenta e

---

[15] Elizabeth Roudinesco, por sua vez, acredita firmemente numa dialética contínua nas mudanças da estrutura familiar que denomina de "família recomposta": *Daí o surgimento da noção de família recomposta, que remete a um duplo movimento de dessacralização do casamento e de humanização dos laços de parentesco. Em lugar de ser divinizada ou naturalizada, a família contemporânea se pretendeu frágil neurótica, consciente de sua desordem, mas preocupada em recriar entre os homens e as mulheres um equilíbrio que não poderia ser proporcionado pela vida social. Assim, fez brotar de seu próprio enfraquecimento um vigor inesperado. Construída, desconstruída, reconstruída, recuperou sua alma na busca dolorosa de uma soberania alquebrada ou incerta* (op. cit., p. 153).

mantém a família, um resíduo que não é da ordem biológica ou da ordem da necessidade (isso é simplesmente suposto) e, sim, da ordem psíquica. A pulsão não encontra saída senão na família humana. Trata-se de um valor da ordem da transmissão de gerações – algo simplesmente irredutível ao biológico ou ao social, algo que diz respeito ao desejo nominado de formar uma parceria conjugal e, com base nela, o voto parental, o desejo nominado de ter um filho que seja a continuidade da vida e dos ideais do casal. O irredutível desse elo de vida que sustenta a família é o desejo, aquilo que é específico à ordem humana e que a sustenta. Ora, paradoxalmente, é o desejo que acarreta todos os perigos e todas as chances para o filho.

Dito isso, fica evidente a necessidade imperiosa de escutar os pais quanto aos desejos que os sustentam ou não, que os mantêm ou não como pais. Os sintomas dos filhos serão, com certeza clínica, resposta aos desejos inconscientes deles.

Notamos uma certa imaturidade prolongada no homem pós-moderno, a ponto de ter sido cunhado o termo *adultescente*. Assumir uma mulher, um casamento, ter filhos são coisas que espantam o homem hodierno. Ele homem está fugindo diante das incursões da mulher pós-moderna. De um lado, grande parte das mulheres se tornou invasiva. E isso, de certa maneira, põe os homens em retirada. O relacionamento sexual ou afetivo que não sabe a conquista mútua é desconstrutivo, retira o encanto da descoberta e da admiração mútuas. De outro lado, ao se assenhorearem do poder ou de funções que, durante muito tempo, foram exclusividade dos homens, as mulheres se tornaram um tanto impositivas, senão ousadas. Passaram à ofensiva. Os homens, muitas vezes meio perplexos, entram reativamente na defensiva. Ora, nada mais desagrada uma verdadeira mulher, uma mulher verdadeiramente feminina, que um homem pouco homem, um homem não verdadeiramente homem, um homem que não assume. E aí o círculo vicioso se fecha e as incertezas tomam conta de todos. Em casos assim, não é de admirar que a função paterna fique comprometida. Conseqüentemente, quem mais acaba sofrendo é a criança.

Que *deveríamos* entender por "transmissibilidade parental"? Philippe Julien, em seu belo livro: *Tu quitteras ton père et ta mère*, traduzido em português por *Tu abandonarás teu pai e tua mãe*,[16] nos ilumina com os seguintes conceitos. Podemos constatar três tipos de transmissão parental que não são necessária ou absolutamente exclusivos entre si. Esses três tipos estruturam o relacionamento conjugal e, conseqüentemente, imprimem nos filhos determinada transmissão. Julien descreve o casamento regido por três modelos: o utilitarista, o do dever e o do desejo.

O utilitarismo se funda sobre o princípio da *maior felicidade para o maior número possível* (J. Bentham). Compreende tudo o que interessa de imediato para tal indivíduo, casal ou nação. Trata-se do bem-estar ou do princípio de prazer de que fala Freud. Assim, antigamente, os filhos eram concebidos como força de trabalho. Mas esse princípio do bem-estar vem hoje partilhado sempre por uma intervenção terceira: o pediatra, o assistente social, o professor, o psicólogo, o juiz. *Pouco a pouco, o saber do especialista arroga-se um poder sobre a criança de tal maneira que a lei do bem-estar se transmite à geração seguinte não mais segundo o par familiar, mas pelo par social.*[130]

A psicanálise poderia ser entendida como uma "intervenção terceira", mas com ressalvas fundamentais. Ela prima por saber que não sabe qual é o bem-estar da criança, pois só o paciente pode achar esse caminho. É específico à psicanálise possibilitar que o sujeito, graças ao grande Outro, descubra o bem-estar que lhe é singular, próprio.

A segunda lei que governa a transmissão é a lei do dever; aqui, quem se destaca é Emmanuel Kant, com os princípios de sua filosofia moral. "Tu deves" é uma lei universal, incondicional e categórica. Qualquer vontade, desejo ou sentimento que se opuser a esse princípio tem de ser considerado como algo patológico. Ele não tem exceção. *Tu deves... porque tu deves e não porque sou eu que to digo.* É a lei que fala. Trata-se da enunciação de uma lei comum a todos. Cada um está sujeito a ela e dela se faz seu próprio legislador: *Age*, propõe Kant, *como se tu foras ao mesmo tempo legislador e sujeito na república das vontades livres e razoáveis.*

---

[16] JULIEN, P. *Tu quitteras ton père et ta mère*, Paris: Champs-Flammarion/Aubier, 2000. Edição brasileira: *Tu abandonarás teu pai e tua mãe*. A tradução mais correta seria: "tu deixarás teu pai e tua mãe", pois os pais não precisam (aliás não podem) ser abandonados.

As leis do dever e do bem-estar ora se unem ora se separam. Freud coloca esse imperativo da Lei no superego, que considera como herdeiro direto do Édipo: *O imperativo categórico de Kant é o herdeiro direto do complexo de Édipo.*[131] O superego se encarrega de nos advertir toda vez que fugimos do "tu deves". Ele simplesmente nos culpa ou nos chama à responsabilidade, pois essa é sua função essencial, repetir o que nos foi injungido.

Finalmente, é preciso dizer que essas duas leis se opõem constantemente. O grande problema apresentado pela lei do dever é que ela não leva em conta a subjetividade humana, a liberdade de escolha e, sobretudo, a lei do desejo.

Ora, a psicanálise descobriu essa lei, a lei do desejo. Deixar pai e mãe para constituir uma família (independentemente de qual) é uma lei universal, ratificada até mesmo pela Bíblia: *O homem deixa seu pai e sua mãe e se liga à sua mulher e eles se tornam uma só carne* (Gn. 2.24). A mesma lei, evidentemente vale para a mulher. Ainda mais nos dias de hoje, o texto bíblico poderia perfeitamente dizer: "A mulher deixa seu pai e sua mãe e se liga a seu homem" ou sequer se liga.

A sociologia afirma que, para haver casamento, é condição prévia que haja uma sociedade: *Uma família não poderia existir se não houvesse primeiramente uma sociedade.*[132] Para Lévi-Strauss, o "processo social da aliança" consiste em superar a auto-suficiência da família de origem, e deixá-la, para permitir uma nova união com a estranha. Trata-se de um processo de *destruição e reconstrução.*[133] Ou seja, a aliança conjugal supõe a filiação biológica, que sempre é superada por uma nova aliança. *A cultura, por certo, precisa da natureza, mas para ultrapassá-la.*[134]

O interdito do incesto, desde sempre, rege essa lei da ultrapassagem. Muito além da transmissão biológica, é a transmissão familiar da lei do desejo que funda verdadeiramente toda nova aliança conjugal. A lei do desejo funda a conjugalidade, isto é, só ela pode manter o estado conjugal verdadeiro. A lei do bem-estar baseada no princípio do utilitarismo ou no princípio do prazer e a lei do dever apoiada no imperativo moral podem até sustentar uma relação conjugal, mas dificilmente gerariam uma conjugalidade verdadeira entre marido e mulher. As limitações que essas leis impõem ao casal acabam por criar um mal-estar não raro insuportável na relação conjugal. A conjugalidade fica sob constantes crises e a relação acaba por ser suportada ou simplesmente rompida. O que me parece findar como uma libertação necessária, pois toda relação neurótica é uma relação doentia, sem saída.

A lei do desejo, porém, oferece uma saída para a relação marido x mulher, baseada numa conjugalidade verdadeira. Nessa relação três vetores intervêm: o amor, o gozo e o desejo. O amor se distingue entre amor paixão e simplesmente amor. O amor paixão tem dias contados, a vitalidade de um fósforo. É simplesmente impossível basear nele a conjugalidade. Amar é uma relação muito complexa. Podemos pensar na definição de amor proposta por Santo Agostinho: *alicui bonum velle*, querer bem a alguém. Lacan nos adverte sobre o engodo de tal projeto: jamais podemos saber qual é o bem que seria próprio ao outro. Esse amor também tem dias contados. As crises no relacionamento são inevitáveis. Nelas se vive o desencanto de "querer o bem ao outro". "Como me dou por inteiro, faço tudo para e por você, me identifico a você". E a resposta: "Você não sabe qual é meu bem, você simplesmente me identifica a seu bem, não dá". É aí que facilmente o amor se transforma em ódio. De outro lado, o gozo, sexual ou outro, propiciado por um ao outro, tem a fugacidade de um átimo. O gozo, satisfação estritamente pessoal a cada cônjuge, não sustenta a conjugalidade. Ele não frutifica, desvanece-se no usufruto do instante preciso. Por isso, levado ao extremo, leva à morte. O gozo não se transmite, o desejo, sim. Saudade.

Se o amor é o dom daquilo que somos ou temos ou, como diz Lacan, *daquilo que não temos*, o desejo, ao contrário, é a falta daquilo que não temos, daquilo que não somos. Desejo não é necessidade. A necessidade está ligada à manutenção da vida e o desejo é a sustentação da subjetividade. Desejo é confissão de uma falta, de um vazio que aspira a suplementação. Ele pode dar para ela o que lhe falta e vice-versa. Até do ponto de vista sexual, os corpos da mulher e do homem são suplemento de duas faltas. O desejo é desejo do desejo do outro, isto é, desejo de estar no desejo do outro, como objeto de seu desejo. O desejo sendo, por definição, pura falta não tem possibilidade de deixar de ser insatisfeito. A cada momento de satisfação ou de parada, ele rebrota com renovado vigor. O desejo muito além da demanda nos interroga diuturnamente sobre o desejo do outro: *O desejo jamais está lá onde ele é esperado pelo outro; sempre alhures, não deixa após si senão uma cera mole sobre a qual cada um, cada uma pode imprimir sua marca, à sua conveniência.*[135]

LACAN: A CRIANÇA, SINTOMA DOS PAIS

A conjugalidade, a única verdadeira, é aquela que pode ser mantida por atos incessantemente renovados, graças ao apoio da fantasia, cuja função é sustentar o desejo. É nisso que consiste "o valor irredutível de uma transmissão", isto é, aquela verdadeiramente fruto do desejo dos genitores, pois, estando a conjugalidade deles apoiada no desejo do desejo do outro, o desejo de ter um filho é também o desejo do desejo de ambos. E isso é tudo de que uma criança precisa. É a certeza do lado dos pais e dela de que ela é rebento de um amor que frutificou. Isso, de verdade, faz pais, faz filho.

Concluamos: a única transmissão verdadeira dos pais aos filhos é a transmissão inconsciente: "meu pai", "minha mãe", "meu filho", "minha filha", eis aí uma rede imensa de significantes, a trama de um vasto universo, a dimensão abissal do ser humano.

C'est d'après une telle nécessité que se jugent les fonctions de la mère et du père. De la mère: en tant que ses soins portent la marque d'un intérêt particularisé, le fût-il par la voie de ses propres manques. Du père: en tant que son nom est le vecteur d'une incarnation de la Loi dans le désir.

É segundo tal necessidade que se julgam as funções da mãe e do pai. Da mãe: enquanto seus cuidados portam a marca de um interesse particularizado, fosse ele pela via de suas próprias falhas. Do pai: enquanto seu nome é o vetor de uma encarnação da Lei no desejo.

Não deixa de causar estranheza que Lacan fale aqui *é segundo tal necessidade*, quando, na frase anterior, falou de um resíduo de sustentação e manutenção da família, resíduo ligado a uma **transmissão** que não é da ordem das necessidades biológicas e, sim, de um "desejo", não "anônimo", mas nominado e assumido por um homem e uma mulher. Isso mostra a plena convicção de Lacan de que a **criança**, fora da triangulação com pai e mãe, tem um futuro comprometido, com oportunidade diminuta de um desabrochar especificamente humano. De todo modo, os cuidados da mãe são absolutamente necessários para a sobrevivência do filhote humano, o mais tragicamente desamparado de todos os seres.

A transmissão da filiação, muito além da tramitação biológica, passa-se no nível da transferência, graças ao grande Outro encarnado nos pais, sobretudo no pai. Trata-se de uma obra da cultura e não da carne. Realmente, são os cuidados da mãe que possibilitam que a criança encontre uma matriz benfazeja para a fundação e o desenvolvimento de sua subjetividade. As ausências, faltas ou falhas da mãe, com certeza, propiciam que a criança tenha acesso aos desejos próprios. O jogo de presença e ausência enseja, como Freud demonstrou no caso de seu neto, a inscrição da falta em significantes que sustentam a subjetividade.

Por outro lado, as funções do pai se concretizam na vetorização da encarnação de Lei. Lei que, ao nomear a criança com o nome do pai, define-a como não sendo para a mãe e, sim, para a continuidade da família, da cultura, da civilização. O nome do pai "encarna Lei no desejo da criança", arrancando-a da ordem do acasalamento e inserindo-a na ordem humana, na cultura, como um *socius* de direitos e deveres.

Conclusão

Os sintomas da criança são, de modo geral, causados pelos problemas dos pais. Nesse sentido, a função da mãe é particularmente delicada. Lacan, que conhece bem a clínica, é determinante: *Depende do caso que a mãe faz da palavra do pai*. A criança, em sua total dependência da mãe, ocupa um lugar de fragilidade. As chances de ser um ser humano normatizado são correlatas à disposição da mãe de ocupar um lugar que possibilite à criança estar sempre em posição terceira. Para tanto, supõe-se que a mãe seja *boa*, isto é, saiba ser *suficientemente inútil* ao filho, possa ser dispensável. A função paterna, independentemente da presença física do genitor, deve ser preservada como condição *sine qua non* na ordenação da Lei, do desejo da criança. Trata-se de uma função simbólica, mas é dela que dependem a fundação do inconsciente e da subjetividade do ser humano. Quando a mãe não torna presente essa função, dela não faz ato, a criança corre perigo. Isto posto, a homopaternidade e a homomaternidade mais nos interrogam do que nos apontam direção. De todo modo, clinicamente falando, uma coisa é certa, os filhos são sintomas ou *symthomas* (Lacan) dos pais, isto é, a criança doente é a configuração do mal-estar dos pais ou da conjugalidade deles.

Bibliografia

[1] MANNONI, M. *Le premier rendez-vous avec le psychanalyste,* Paris: Denoël/Gonthier, 1965.

[2] LACAN, J. *Écrits.* Paris: Seuil, 1966. p. 817. Edição brasileira: *Escritos.* Rio de Janeiro: Jorge Zahar Editor, 1988, p. 831.

[3] FREUD, S. *Obras completas.* Vol. VII. Buenos Aires: Amorrortu, 1988, p. 204.

[4] *Apud* BRANDÃO, C.R. *Aprender o amor.* Sobre um afeto que se aprende a viver. Campinas: Papirus Editora, 2005, p. 183.

[5] FREUD, S. *Obras completas.* Vol. VII. Buenos Aires: Amorrortu, 1988, p.207.

[6] *Ibiden,* p.207.

[7] MANNONI, M. *D'un impossible à l'autre.* Paris: Seuil, 1982, p.74.

[8] *Ibidem,* p. 89.

[9] LACAN, J. *L'Éthique de la psychanalyse.* Paris: Seuil, 1986, p.150.

[10] MANNONI, M. *Le premier rendez-vous avec le psychanalyste.* Paris: Denoël/Gonthier, 1965, p. 26. Prefácio de Françoise Dolto.

[11] Apud MANNONI, M. *Le premier rendez-vous avec le psychanalyste.* Prefácio de Françoise Dolto. *Paris:* Denoël/Gonthier, 1965, p. 29.

[12] FREUD, S. *Obras completas.* Vol. VII. Buenos Aires: Amorrortu, 1988, pp. 205-206.

[13] FREUD, S. *Obras completas.* Vol. VII. Buenos Aires: Amorrortu, 1988, p.206.

[14] MANNONI, M. *Le premier rendez-vous avec le psychanalyste. Paris:* Denoël/Gonthier, 1965, p. 31.

[15] *Ibidem,* p. 31.

[16] *Ibidem,* p. 31-32.

17 LÉVINAS, E. *Da existência ao existente*. Campinas: Papirus, *passim*.

18 FREUD, S. *Obras completas*. Vol. VII. Buenos Aires: Amorrortu, 1988, p. 208.

19 BRANDÃO, C.R. *op.cit.*, p. 187.

20 OSTERRIETH, P. *Introdução à psicologia da criança*. São Paulo: Nacional, 1987, p. 13.

21 FREUD, S. *Malaise dans la civilization*. Paris: Presses Universitaires de France, 1971, p. 47.

22 LACAN, J. *Écrits*. Paris: Seuil, 1966, p. 826. Edição brasileira: *Escritos*. Rio de Janeiro: Jorge Zahar, 1998, p. 841.

23 FREUD, S. *Malaise dans la civilization,* Paris: Presses Universitaires de France, 1971, p. 47.

24 *Id, ibid.*, p. 11.

25 *Id, ibid.*, p. 42.

26 FREUD, S. *Obras completas*. Vol. XIII. Buenos Aires: Amorrortu, 1988, p. 216. *Apud*, James Strachey.

27 FREUD, S. *Obras completas*. Vol. XIII. Buenos Aires: Amorrortu, 1988, p. 219.

28 MESSER, T.M. *Munch*. Nova York: *Ars Mundi,* 1991, p. 72.

29 FREUD, S. *Obras completas*. Vol. XIII. Buenos Aires: Amorrortu, 1988, p. 217.

30 *Folha de S. Paulo,* 24/7/2005. Caderno "Ilustrada": "Filosofia entrou de gaiata no Fantástico", p. E7.

31 LACAN, J. Edição Eletrônica, Seminário 13, 23/3/1966: "El objeto del psicoanálisis". Classe 12.

32 LACAN, J. Edição Eletrônica, Seminário 27, 18/3/1980: "Disolución". Classe 4.

33 BOFF, L. *São José: A personificação do pai*. Campinas: Verus, 2005, p. 22-23.

34 FREUD, S. *Malaise dans la civilization*. Paris: Presses Universitaires de France, 1971, p. 53.

35 LACAN, J. Edição Eletrônica. Seminário 20, 8/5/1973: "Del barroco". Classe 9.

36 LACAN, J. Edição Eletrônica. Seminário 21, 18/12/1973: "Los incautos no yerran (los nombres del padre)". Classe 4.

37 LACAN, J. Edição Eletrônica. Seminário 21, 13/12/1973: "Los incautos no yerran (los nombres del padre)". Classe 1.

Bibliografia

[38] *Folha de S. Paulo*, Caderno "Mais", 12/6/2005, p.11.

[39] *Folha de S. Paulo*, Caderno "Mais", 12/6/2005, p. 11.

[40] SOUZA, A. *Os discursos na psicanálise*. Rio de Janeiro: Companhia de Freud, 2004, p. 125.

[41] FREUD, S. *Malaise dans la civilization*. Paris: Presses Universitaires de France, 1971, p. 25-26.

[42] FREUD, S. *Malaise dans la civilization*. Paris: Presses Universitaires de France, 1971, p. 26.

[43] FORRESTER, V. *O Horror Econômico*. São Paulo: Unesp, 1966, p. 8.

[44] COSTA, J.F. "Não mais, não ainda: A palavra na democracia e na psicanálise". Revista *USP*, nº 37 (março-abril-maio de 1988), p. 111.

[45] *Idem, ibidem*, p. 109.

[46] *Idem, ibidem*, p. 111.

[47] VERÍSSIMO, E. *Solo de clarineta*. Porto Alegre: Globo, 1978, p. 45.

[48] FREUD, S. *Más allá del principio de placer. Obras Completas*. Vol. XVIII. Buenos Aires: Amorrortu, 1989.

[49] LACAN, J. Seminário II: "Le moi dans la théorie de Freud et dans la technique de la psychanalyse". *Paris:* Seuil, 1978, p. 51.

[50] FREUD, S. *Más allá del principio de placer. Obras Completas*. Vol. XVIII. Buenos Aires: Amorrortu, 1989.

[51] FREUD, S. *Más allá del principio de placer. Obras Completas*. Vol. XVIII. Buenos Aires: Amorrortu, 1989, p.15.

[52] MANNONI, M. *D'un impossible à l'autre*. Paris: Seuil, 1982, p. 69.

[53] *Id., ibid.*

[54] LACAN, J. *Écrits*. Paris: Seuil, 1966, p. 58.

[55] LACAN, J. Seminário II: "Le moi dans la théorie de Freud et dans la technique de la psychanalyse". Paris: Seuil, 1978, p. 165.

[56] *Id., Ibid.*, p. 130.

[57] HEIDEGGER, M. *Acheminement vers la parole*. Paris: Gallimard, 1976, pp. 16 e 228. Texto infelizmente mal traduzido, em português mortiço, arredondado. Sem a virtualidade do original.

[58] *Id., ibid.*, p. 90.

[59] JULIEN, P. *Tu quitteras ton père et ta mère*. Paris: Flammarion, 2000, p.107.

[60] MANNONI, M. *D'un impossible à l'autre*. Paris: Seuil, 1982, p.71.

[61] *Id., ibid.*, p. 68-69.

[62] *Apud* MANNONI, M. *Le premier rendez-vous avec le psychanalyste*. Prefácio de Françoise Dolto. Paris: Denoël/Gonthier, 1965, p. 22.

[63] LACAN, J. *Écrits*. Paris: Seuil, 1966, p. 574. Edição brasileira: *Escritos*. Rio de Janeiro: Jorge Zahar, 1995, p. 581.

[64] *Apud* MANNONI, M. *Le premier rendez-vous avec le psychanalyste*. Prefácio de Françoise Dolto. Paris: Denoël/Gonthier, 1965, p. 24.

[65] FREI BETTO. "Natal, desconfortos e expectativas". *Folha de S. Paulo*, Caderno "Opinião", 25/12/2005.

[66] PESSOA, F. *Obras em prosa*. Rio de Janeiro: José Aguilar, 1974, p. 40.

[67] *Apud* FREUD, S. *Escritos*. Rio e Janeiro: Jorge Zahar, 1998, p. 780.

[68] SADE (s.d.). *Justine, os sofrimentos da virtude*. São Paulo: Círculo do Livro, p. 40.

[69] MANNONI, M. *Le psychiatre, son "fou" et la psychanalyse*, Paris: Seuil, 1970. Edição brasileira: – *O psiquiatra, seu "louco" e a psicanálise*. Rio de Janeiro, Zahar, 1971.

[70] *Id., ibid.*, p. 160. Edição brasileira, p. 169.

[71] LACAN, J. *Écrits*. Paris: Seuil, 1966, p. 261. Edição brasileira: *Escritos*. Rio de Janeiro: Jorge Zahar, 1995, p. 263.

[72] MANNONI, M. *op. cit.*

[73] *Id., ibid.*, p. 53. Edição brasileira, pp. 56-57.

[74] *Id., ibid.*, p. 52. Edição brasileira, p. 56.

[75] LACAN, J. *Televisão*. Rio de Janeiro: Jorge Zahar, 1993.

[76] MANNONI, M. *L'Enfant, sa "maladie" et les autres*. Paris: Seuil, 1967, p. 180. Edição brasileira: *A criança, sua "doença" e os outros*. São Paulo: Via Lettera, 1999, p. 181.

[77] *Id., ibid.*, p. 190. Edição brasileira: p. 190.

[78] *Id., ibid.*, p. 176. Edição brasileira: p. 177.

[79] *Id., ibid.*, pp. 115-116. Edição brasileira: pp. 115-116.

[80] *Id., ibid.*, p. 116. Edição brasileira: p. 116.

[81] MANNONI, M. *Le psychiatre, son "fou" et la psychanalyse*, Paris: Seuil, 1970, p. 125-126. Edição brasileira: *o psiquiatra, seu "louco" e a psicanálise*. Rio de Janeiro: Zahar, 1971, p. 133.

[82] *Id., ibid.*, p. 126. Edição brasileira: p. 133.

[83] *Id., ibid.*, p. 127. Edição brasileira: p. 134.

[84] *Id., ibid.*, p. 128. Edição brasileira: p. 135.

BIBLIOGRAFIA

[85] *Id., ibid.*, p. 139. Edição brasileira: p. 147.

[86] MANNONI, M. *L'Enfant, sa "maladie" et les autres*. Paris: Seuil, 1967, p. 117. Edição brasileira: *a criança, sua "doença" e os outros. São Paulo:* Via Lettera, 1999, p. 117.

[87] MANNONI, M. *Le psychiatre, son "fou" et la psychanalyse*, Paris: Seuil, 1970, p. 195. Edição brasileira: *O psiquiatra, seu "louco" e a psicanálise*. Rio de Janeiro: Zahar, 1971, p. 206.

[88] ROUDINESCO, E. *A família em desordem*. Rio de Janeiro: Jorge Zahar, 2003, p. 186.

[89] MANNONI, M. *L'Enfant, sa "maladie" et les autres*. Paris: Seuil, 1967, 132. Edição brasileira: *A criança, sua "doença" e os outros*. São Paulo: Via Lettera, 1999, p. 133.

[90] COSTA, J.F. "Não mais, não ainda: A palavra na democracia e na psicanálise". *Revista USP* nº 37 (março-abril-maio de 1998), p. 113.

[91] MANNONI, M. *D'un impossible à l'autre*. Paris: Seuil, 1982, p. 162.

[92] LACAN, J. *Écrits*. Paris: Seuil, 1966, p. 827. Edição brasileira: *Escritos*. Rio de Janeiro: Jorge Zahar, 1998, p. 842.

[93] *Id., ibid.*, p. 854. Edição brasileira: p. 868.

[94] MANNONI, M. *L'Enfant, sa "maladie" et les autres*. Paris: Seuil, 1967, p. 98. Edição brasileira: *A criança, sua "doença" e os outros*. São Paulo: Via Lettera, 1999, p. 95.

[95] *Id., ibid.*, p. 71. Edição brasileira: p. 72.

[96] *Id., ibid.*, p. 71. Edição brasileira: p. 72.

[97] *Id., ibid.*, p. 189. Edição brasileira: p. 190.

[98] *Id., ibid.*, p. 189. Edição brasileira: p. 190.

[99] LACAN, J. *Écrits*. Paris: Seuil, 1966, p. 852. Edição brasileira: *Escritos*. Rio de Janeiro: Jorge Zahar, 1998, p. 866.

[100] LACAN, J. *Ornicar? Revue du Champ Freudien*, nº 37. Paris: Navarin, 1986, pp. 13-14.

[101] LACAN, J. R.S.I Le Seminaire 1974/1975, seminário de 10 de dezembro de 1974, p. 8 (francês), p. 7 (português).

[102] *Dictionnaire de la psychanalyse*. Paris: Larousse, 1993, p. 283.

[103] *Apud* MANNONI, M. *Le premier rendez-vous avec le psychanalyste*. Prefácio de Françoise Dolto. Paris: Denoël/Gonthier, 1965, p. 32.

[104] *Id., ibid.*, p. 18.

[105] LACAN, J. *Nomes-do-Pai*. Rio de Janeiro: Jorge Zahar, 2005, p. 11.

[106] *Apud* MANNONI, M. *Le premier rendez-vous avec le psychanalyste*. Prefácio de Françoise Dolto. Paris: Denoël/Gonthier, 1965, p. 13-14.

[107] LACAN, J. *Écrits*. Paris: Seuil, 1967, p. 579. Edição brasileira: *Escritos*. Rio de Janeiro: Jorge Zahar, 1998, p. 585.

[108] FREUD, S. *Obras completas*. Vol. VII. Buenos Aires: Amorrortu, 1988.

[109] *Id., ibid.,* p. 176.

[110] *Id., ibid.,* p. 181.

[111] *Id., ibid.,* p. 181-182.

[112] *Id., ibid.,* p. 182.

[113] *Id., ibid.,* p. 202.

[114] *Id., ibid.,* p. 203.

[115] *Id., ibid.,* p. 198.

[116] PESSOA, F. *Obra poética*. Rio de Janeiro: Nova Aguilar, 1995, pp. 128-130.

[117] *Id., ibid.,* p. 238.

[118] *Id., ibid.,* p. 242.

[119] *Id., ibid.,* pp. 413, 455, 129 e 127.

[120] MANNONI, M. *Le psychiatre, son "fou" et la psychanalyse*. Paris: Seuil, 1970, p. 137-138. Edição brasileira: *O psiquiatra, seu "louco" e a psicanálise*. Rio de Janeiro: Zahar, 1971, p. 146.

[121] FREUD, S. *Obras completas*. Vol. VII. Buenos Aires: Amorrortu, 1988, p. 204.

[122] *Id., ibid.* p.. 204.

[123] PERRIER, F. *Voyages extraordinaires en translacanie*. Paris: Lieu Commun, 1985, p. 116.

[124] MANNONI, M. *L'Enfant, sa "maladie" et les autres*. Paris: Seuil, 1967, p. 131.

[125] LACAN, J. *Écrits*. Paris: Seuil, 1967, p. 852. Edição brasileira: *Escritos*. Rio de Janeiro: Jorge Zahar, 1998, p. 866.

[126] LACAN, J. *Écrits*. Paris: Seuil, 1967, p. 827. Edição brasileira: *Escritos*. Rio de Janeiro: Jorge Zahar, 1998, p. 841.

[127] LACAN, J. *Écrits*. Paris: Seuil, 1967, p. 852. Edição brasileira: *Escritos*. Rio de Janeiro: Jorge Zahar, 1998, p. 866.

[128] LACAN, J. *Télévision*. Paris: Seuil, 1974, p. 51. Edição brasileira: *Televisão*. Rio de Janeiro: Jorge Zahar, 1993, p. 55-56.

BIBLIOGRAFIA

[129] LACAN, J. *Os Complexos Familiares*. Rio de Janeiro: Jorge Zahar, 1993, p. 60.

[130] LACAN, J. *Os complexos familiares*. Rio de Janeiro: Jorge Zahar, 1993, p. 13.

[131] JULIEN, P. *Tu quitteras ton père et ta mère*, Paris: Champs-Flammarion/Aubier, 2000, p. 41.

[132] FREUD, S. "Le problème économique du masochisme". Em: *Névrose, psychose et perversion. Paris:* PUF, 1973, p. 45.

[133] JULIEN, P. JULIEN, P. *Tu quitteras ton père et ta mère*, Paris: Champs-Flammarion/Aubier, 2000, p. 49. *Apud* LÉVI-STRAUSS, C. *Le régard éloigné*. Paris: Plon, 1983, p. 83.

[134] JULIEN, P. *op. cit.*, p. 49. *Apud* LÉVI-STRAUSS, C. *Le régard éloigné*. Paris: Plon, 1983, p. 90.

[135] JULIEN, P. *op. cit.*, p. 50.

[136] JULIEN, P. *op. cit.*, p. 57.